DAS BROTWUNDER

DAS BROTWUNDER

Geschichten zum Leben

Herausgegeben von Erich Jooß

Illustriert von Jule Ehlers-Juhle

Herder Freiburg · Basel · Wien

Satz: Fotosetzerei G. Scheydecker, Freiburg im Breisgau
Druck und Einband: Proost, Turnhout 1995
ISBN: 3-451-23776-8

Inhalt

3. WAS WIR HOFFEN

1.
Das Brot des Himmels

JÖRG ZINK

Wie alle satt wurden

Es war an einem schönen, sonnigen Morgen, und Jesus und seine Begleiter wanderten hinunter zum See. Sie waren müde, obwohl es Morgen war. „Nun sind wir seit vielen Wochen unterwegs", sagte einer. „Immerfort sind Menschen um uns her. Wir müssen sie anhören. Wir müssen mit ihnen reden. Die Kranken wollen zu Jesus, und wir müssen sorgen, daß immer einer nach dem anderen kommt. Das geht von morgens bis abends. Nicht einmal zum Essen haben wir Zeit."

Jesus merkte, was sie dachten, blieb stehen und sagte: „Ich glaube, wir müssen einen Tag Ruhe haben. Wir fahren über den See hinüber, dorthin, wo das Gebirge anfängt, und bleiben einen Tag allein." So gingen sie hinunter an den Hafen, stiegen in ein Schiff und sagten zu dem Fischer: „Bitte, fahr uns ans andere Ufer hinüber!"

Aber die Leute im Hafen warteten schon auf Jesus, und als sie sahen, daß er hinüberfuhr, liefen sie das Ufer entlang um den See herum und wollten ihn auf der anderen Seite suchen.

Am anderen Ufer stieg Jesus aus dem Schiff und ging mit seinen Freunden den steilen Weg auf den Berg hinauf, den man den Golan heißt; dort wollte er mit ihnen allein sein. Aber die Leute sagten es einander: „Dort ist Jesus im Schiff!" „Dort ist er an Land gegangen!" „Dort geht er den

Berg hinauf!" Und als Jesus auf dem Berg war, sah er, daß von allen Seiten die Menschen zusammenströmten und ihn suchten.

„Mit unserer Ruhe wird es nichts!" sagten die Jünger. Und Jesus sah, wie die Leute viele Kranke auf Tragbetten dahertrugen. Er sah, daß sie ihn einfach brauchten. Und es tat ihm weh im Herzen, daß es gar niemand gab, der sich um sie kümmerte. Er war der einzige. Sie kamen ihm vor wie eine große Herde Schafe, die keinen Hirten hat. Schafe brauchen ja einen Hirten, der sie dorthin führt, wo es Gras gibt und Wasser, und der sie abends heimbringt in ihren Stall.

Er ließ sich die Kranken hertragen und hörte ihre Klagen an, sagte ihnen, wie sie gesund werden könnten, und half ihnen. Das ging den ganzen Tag. Als abends die Sonne tief über dem See stand, kamen die Jünger zu Jesus und sagten: „Es ist hier einsam. Es wird Abend und ist schon kalt, und die Leute haben nichts zu essen. Sie sollen in die nächsten Dörfer gehen, hinunter an den See, und sich Brot kaufen."

Aber Jesus lächelte und sagte: „Gebt doch ihr ihnen zu essen!" „Wir?" fragten sie. „Sollen wir denn für tausend Mark Brot zusammenkaufen?" Jesus fragte: „Wie viele Brote habt ihr?" „Fünf", sagten sie. „Und zwei getrocknete Fische. Das ist alles."

Während die Jünger noch dastanden und nicht wußten, was sie tun sollten, rief Jesus den Leuten zu, sie sollten sich ins Gras setzen, immer in Gruppen, so als säßen sie um viele Tische. Sie setzten sich in Gruppen über die weite Wiese hin, viele, viele Menschen, so daß man sie kaum zählen konnte. Und als sie alle zu ihm hinschauten und nicht wußten, was das bedeuten sollte, nahm er die fünf Brote, eins nach dem anderen, in die Hand und auch die Fische, sah auf zum Himmel und betete: „Vater, segne diese Brote und Fische und mach uns satt. Wir danken dir." Dann brach er die Brote in kleine Stücke und gab sie den Jüngern, und die gaben sie weiter an die Leute. Auch die Fische teilte er in kleinen Stücken aus.

Da geschah etwas, was sie sich alle nicht erklären konnten. Am Ende standen sie auf und sagten: „Jetzt haben wir so wenig gegessen und sind doch satt! Wie ist das möglich?“ fragten die Leute und redeten aufgeregt durcheinander.

GUDRUN PAUSEWANG

Lieber Gott der Reichen

In Südamerika gibt es viele Arme und nur wenige Reiche. So ist es auch in der Stadt San Vicente. Die Reichen wohnen im Viertel El Sol, das heißt „die Sonne". In diesem Viertel stehen die herrlichsten Villen, und jede Villa steht in einem Garten voller gepflegter Blumenbeete. Die Arbeit in den Villen tun Dienstmädchen, die Gärten werden von Gärtnern gepflegt, Kindermädchen führen die Kinder der Reichen aus, Köchinnen kochen den Reichen das Essen, und manche Reiche halten sich sogar einen Chauffeur.

Die Köchinnen, Dienstmädchen, Kindermädchen, Gärtner und Chauffeure sind in den neun Vierteln der Armen daheim. Dort gibt es weder Villen noch Blumengärten. Dort hausen Familien mit vielen Kindern zusammen mit den Großeltern und noch anderen Verwandten in winzigen Hütten ohne fließendes Wasser und ohne Toiletten. Dort sind die Wege nicht asphaltiert: Die Kinder spielen in den Pfützen der Abwässer und im Schlamm des letzten Regens. Die Kleineren laufen nackt herum. Die Eltern haben kaum Geld genug, um den Größeren Kleider zu kaufen. Bei vielen langt es nicht einmal, um die Familie satt zu machen. Und die meisten Armen, egal ob Kinder oder Erwachsene, haben keine Schule besuchen können, weil es nicht genug Schulen in den Armenvierteln gibt und weil man die Bücher und Hefte und den Unterricht bezahlen muß.

Es gibt auch Kirchen in den Armenvierteln – kleine, ärmliche Kirchen, in denen die vielen Armen kaum Platz finden.

Und der Pfarrer kann ihnen in ihrem Elend auch nicht helfen. Wenn wenigstens jede Familie ein Stückchen Land besäße, um sich selbst Mais und Kartoffeln und Gemüse zu ziehen und ein paar Hühner zu halten! Aber das meiste Land gehört den Reichen. Und es gibt nicht genug Arbeitsstellen für all die vielen Armen, die Geld verdienen möchten, um ihre Familien vor diesem Elend zu bewahren.

Die Kirche von El Sol dagegen ist ein mächtiges Gebäude, das die Villen überragt und schon von weitem zu sehen ist. Sie hat einen Marmorboden und Marmorsäulen und riesige bunte Glasfenster mit Bildern darauf, und der Turm ist der höchste in der ganzen Stadt San Vicente. Viele Touristen schauen sich die Kirche an, weil sie so gerühmt wird. Und dann gehen sie auch durch das Viertel El Sol und sagen zueinander: „Wie wunderschön, wie sauber und reich ist diese Stadt!"

Aber niemand sagt ihnen, daß sie auch die Armenviertel anschauen müssen, wenn sie die Stadt kennenlernen wollen. Vielen von ihnen würde grausen vor dem Elend, das sie dort sähen. Nein, damit wollen die meisten Touristen nichts zu tun haben.

„Die Armut macht so traurig", sagen sie. „Gott sei Dank sind wir nicht arm. Und wenn wir verreisen, wollen wir fröhlich sein."

Sonntags strömen die Reichen aus dem Viertel El Sol in ihre Kirche. Sie fahren in ihren großen Autos vor und tragen kostbaren Schmuck und teure Kleidung, um zu zeigen, wie reich sie sind.

Die Armen gehen nicht in diese Kirche. Sie wissen, daß sie hier nicht gern gesehen werden und fühlen sich unter den Reichen auch nicht wohl. Aber auf den Kirchenstufen warten die Allerärmsten, die Bettler, die nicht einmal eine Hütte im Armenviertel haben, sondern irgendwo in Treppenhäusern oder auf Parkbänken schlafen. Wenn der Gottesdienst zu Ende ist, strecken sie ihre Hände aus und betteln die Reichen an. Dann bekommen sie ein paar Münzen geschenkt und laufen zufrieden fort, um sich etwas zu essen zu kaufen. Sie haben alle Hoffnung verloren, daß es je anders werden könnte. Sie können sich nicht vorstellen, jemals ein kleines Haus zu besitzen und so viel Geld zu verdienen, daß sie sich sauber kleiden und drei Mahlzeiten am Tag leisten können.

Aber die Kinder haben noch nicht verlernt zu hoffen und zu träumen. Und so kommen eines Sonntags zwei kleine Jungen mitten im Gottesdienst in die Kirche der Reichen: Das Portal stand ja auf, und da sind sie andächtig hereingeschlichen, auf Zehenspitzen natürlich. Aber man hätte ihre Schritte sowieso nicht gehört, denn sie sind ja barfuß. Sie sind entsetzlich schmutzig und struppig und haben nichts an als zerlumpte Hosen. Der ältere von ihnen trägt auf dem Rücken einen alten Plastiksack. Darin sind ein verschimmeltes Brötchen, ein paar vertrocknete Weißbrotscheiben, drei kalte Pellkartoffeln und ein Stückchen Käse, das von Mäusen angenagt worden ist. Das alles haben die beiden Jungen aus den Mülleimern von El Sol gewühlt: ihr Sonntagsessen.

Der Kirchendiener kommt gelaufen und will die Jungen hinausscheuchen, die gerade durch den Mittelgang auf den Altar zuwandern. Sie stinken. Ein paar Damen werfen ihnen entrüstete Blicke zu und rümpfen ihre Nasen.

„Fort mit euch“, flüstert der Kirchendiener. „Was habt ihr hier zu suchen? Geht in eure Kirche, dort, wo ihr hingehört!“

„Aber wir wollen euren Gott um etwas bitten“, flüstert der Ältere, der etwa neun Jahre alt ist. Genau weiß er sein Alter selber nicht. „Wir waren schon mal da, vor ein paar Tagen, als die Kirche leer war, aber da war wohl euer Gott nicht hier.

Jedenfalls hat er uns nicht gehört, denn es ist nichts geschehen bis heute. Deshalb kommen wir nochmal, wo ihr alle hier versammelt seid. Denn jetzt ist er sicher da, wegen euch, und muß uns hören."

„Schluß mit dem Gefasel", zischt der Kirchendiener, stellt sich mit ausgebreiteten Armen vor sie hin und schneidet ihnen den Weg zum Altar ab. Aber sie sind wendig, sie haben gelernt, an Polizisten vorüberzuhuschen und an Dienstmädchen, die den Auftrag haben, Mülltonnenwühler zu verjagen. Sie lassen sich los und schlüpfen rechts und links am Kirchendiener vorbei, rennen hin zum Altar, wo sie sich wieder finden und an den Händen fassen. Und noch ehe sich der Kirchendiener von seiner Verblüffung erholt hat, ruft der Ältere zum Kreuz über dem Altar hinauf: „Lieber Gott der Reichen, schenk uns reiche Eltern, solche, die in El Sol wohnen! Denn wir hatten nur eine Mutter, die ist tot. Bitte! Wir schenken dir dafür alles, was wir hier im Sack haben. Es war ein guter Tag, wir haben heute morgen viel gefunden. Wir haben noch nichts davon gegessen, damit du siehst, daß es uns ernst ist."

Und er läuft die Stufen empor, reckt sich und schwingt seinen Sack vom Rücken auf den Altar.

„Daß du's nur weißt", fügt er hinzu, „wir haben heute überhaupt noch nichts gegessen –"

Ein paar Damen in den ersten Reihen schreien erschrocken auf. Die Ministranten weichen zurück, der Priester hört auf vorzulesen und starrt verstört den schmutzigen Sack an, der vor ihm auf dem Altar liegt, auf der schneeweißen gestickten Decke, zwischen Liliensträußen und Kerzen.

In diesem Augenblick hat der Kirchendiener den Jungen erreicht, hält ihm den Mund zu, zerrt ihn von den Stufen herunter und schiebt ihn vor sich her durch den langen Mittelgang bis zum Portal. Der kleine Bruder stolpert den beiden nach und schluchzt: „Lieber Gott der Reichen, hilf uns doch!“

Er schreit es immer lauter, je näher sie dem Portal kommen. Der Ältere wehrt sich, er beißt dem Kirchendiener sogar in die Finger. Aber es hilft alles nichts, der Kirchendiener ist stärker. Der Jüngere schreit und schreit. Seine Tränen fließen ihm über die schmutzigen Wangen, seine Nase läuft. Aber er hat ja kein Taschentuch.

Kurz vor dem Portal reißt der Ältere die Hand des Kirchendieners von seinem Mund und ruft: „Er ist ja heute wieder nicht da! Pablito, hör auf zu schreien, er ist nicht da!“

Die Leute in den Bänken starren die Kinder an. Sie sind zornig. Was für ein Spektakel in der Kirche, was für eine lästige und peinliche Störung der Heiligen Messe! Der Priester schweigt noch immer und wartet. Er runzelt seine Stirn.

Aber nun ist es dem Kirchendiener endlich gelungen, die beiden Störenfriede hinauszuschieben und die Kirchenstufen hinunterzuscheuchen, Gott sei Dank. Er schließt das Portal.

Jetzt sind sie wieder unter sich, die Reichen. Nach dem Gottesdienst beschließen sie, daß künftig ein Wächter am Portal stehen soll, der Bettelkinder gar nicht erst hereinläßt. Überhaupt keine Armen.

URSULA WÖLFEL

Sintajehu

Sintajehu hieß ein Junge in einem Dorf in Afrika. Sein Name bedeutet: „Wieviele Tage habe ich gesehen?“

Denn seine Eltern hatten schon sechs Kinder gehabt, und alle waren gestorben, als sie noch ganz klein waren. Die Eltern dachten, dieser Junge würde wohl auch nicht lange leben, darum nannten sie ihn Sintajehu.

Starben nicht die meisten kleinen Kinder im Dorf und in den Nachbardörfern und in allen Dörfern, die sie kannten?

Die kleinen Kinder tranken bei den Müttern an der Brust, aber die Mütter waren immer hungrig, sie waren immer müde von der Arbeit auf den Feldern. Ihre Milch gab den kleinen Kindern keine Kraft.

Aber Sintajehu starb nicht.

Seine Mutter band ihn in ihr Rückentuch und nahm ihn mit aufs Feld. Wenn sie sich bückte, hing Sintajehu kopfüber auf ihrem braunen Nacken und schlief, oder er spielte mit ihrem bunten Kopftuch.

Die Felder gehörten dem Landherrn, er hatte sie den Eltern nur geliehen. Dafür mußten sie ihm fast alles geben, was da wuchs, nur ganz wenig durften sie für sich selbst behalten. Sie blieben immer arm.

Alle Leute im Dorf waren arm. Sie kannten es nicht anders, sie waren zufrieden. Wenn sie den Landherrn sahen, verbeugten sie sich tief vor ihm und küßten seine Füße.

Sintajehu wurde größer, er lernte laufen und sprechen. Der Vater schnitzte ihm eine kleine Hacke aus Holz. Sintajehu half nun den Eltern bei der Arbeit wie alle anderen Kinder. Damals war er vier Jahre alt.

Sie wohnten in einer runden Hütte aus Zweigen und Gras. Mitten in der Hütte war die Feuergrube. Dort kochte die Mutter am Abend den Gemüsebrei.

Sintajehu wurde ein großer starker Junge mit langen Beinen und schöner dunkelbrauner Haut.

Er sammelte in den Wäldern wilden Kaffee, viele Säcke voll, die brachte er ins Nachbardorf zum Markt. Ein weißer Mann gab ihm ein altes Transistorradio dafür. Sintajehu war jetzt zwölf Jahre alt.

Er wollte wissen, wie es anderswo war, von allen Dingen auf der Welt wollte er etwas erfahren.

Die Eltern sagten: „Was geht uns das an, was die Stimme in diesem Kasten redet? Es ist eine Stimme aus der Fremde."

Im Nachbardorf gab es eine Schule. Sooft er Zeit hatte, lief Sintajehu dorthin. Er versteckte sich hinter einer Mauer und hörte zu, wie die Kinder lernten. Sie saßen im Gras und hielten ihre Bücher und Hefte auf den Knien. Der Lehrer war ein alter strenger Mann, er schlug die Kinder, wenn sie etwas falsch machten.

Trotzdem beneidete Sintajehu die Kinder. Er hatte keine Zeit, zur Schule zu gehen. Er mußte den Eltern helfen. Aber er kannte bald ein paar Buchstaben, und ein Junge aus dem Nachbardorf zeigte ihm, wie man sie zusammensetzen mußte.

Der Junge sagte zu ihm: „In der Stadt gibt es eine Schule, dort lernt man noch viel mehr. Alles, was die Menschen wissen, lernt man dort!"

Sintajehu mußte oft daran denken.

In dieser Zeit bekam die Mutter wieder ein Kind. Es war ein Junge, und sie nannten ihn Juhanis.

Sintajehu hatte seinen kleinen Bruder sehr lieb. Er sang ihm die alten Tanzlieder vor und die neuen Lieder, die er in seinem Radio hörte. Er war stolz, als der Kleine zum ersten Mal lachte.

Dann aber starb Juhanis. Er starb, weil die Mutter ihm keine gute Milch geben konnte.

Sintajehu weinte sehr, und dann wurde er zornig. Er fragte seine Eltern: „Warum müssen wir so arm sein, daß unsere kleinen Kinder sterben? Warum bekommt der Landherr den größten Teil von unserer Ernte? Warum gehört ihm alles Land, und uns gehört nichts?“

Der Vater sagte: „Das ist eben so, das war immer schon so. Wir können unser Leben nicht ändern. Das wirst du noch lernen.“

Aber das wollte Sintajehu nicht lernen. Er war unruhig, er war nicht zufrieden wie seine Eltern.

Als er dreizehn Jahre alt war, sagte er zu seinen Eltern:

„Ich will in der Stadt zur Schule gehen. Dort lernt man alles von den neuen Dingen auf der Welt.“

„Wir brauchen von den neuen Dingen nichts zu wissen“, sagten die Eltern. „Sei zufrieden!“

Alle Verwandten kamen zusammen, die Großeltern und die Onkel und Vettern mit ihren Frauen.

„Keiner von uns kann lesen und schreiben“, sagten sie. „Deine dummen Gedanken kommen nur davon, weil du ein bißchen lesen und schreiben kannst!“

„Wer seine Familie verläßt, wird unglücklich. Jeder muß in seinem Dorf bleiben!“ sagten sie.

„Du willst wohl in der Stadt die Kleider der Weißen tragen? Du bist hochmütig!“ sagten sie.

„In der Stadt wirst du verhungern. Der Landherr ist gut zu uns!“

Das sagten sie, und der Vater verbot Sintajehu, zur Schule zu gehen.

Da lief er heimlich fort.

Er wußte, daß seine Eltern traurig und zornig sein würden. Aber er wollte wiederkommen, und dann würde er wissen, wie man etwas ändern konnte an der Armut und dem Hunger, damit nicht so viele kleine Kinder sterben mußten.

Er nahm nichts mit als einen leeren Sack und sein altes Radio.

Fünf Tage lang wanderte er über das Gebirge, und in den Wäldern sammelte er wilden Kaffee in den Sack. Nachts schlief er in den Dörfern am Weg. Die Leute dort nahmen ihn auf und gaben ihm zu essen.

Dann kam er in die Stadt mit der Schule.

Viele von den Lehrern dort waren junge Männer. Das wunderte Sintajehu. Er hatte gedacht, Lehrer müßten alt sein wie der Lehrer im Nachbardorf. Und die Schule hier war ein festes Haus mit vielen Zimmern!

Die Lehrer sagten zu ihm: „Du kannst hierbleiben, aber du mußt viele Jahre lernen."

Sintajehu hatte geglaubt, es ginge schneller mit dem Lernen.

Er fragte die anderen Jungen in der Schule, wo er wohnen könnte. Manche hatten sich zu acht oder zehnt ein Zimmer gemietet.

Einer sagte: „Bei uns ist noch ein Schlafplatz frei. Aber du mußt uns Geld für die Miete geben."

Sintajehu verkaufte den Kaffee an einen Händler, er verkaufte ihm auch sein Radio. Er bezahlte die Miete und behielt noch etwas Geld übrig.

Fünf von den Jungen in seinem Zimmer waren wie Sintajehu von zu Hause weggelaufen. Er war froh, daß er mit ihnen über alles sprechen konnte.

Die meisten Jungen hier wollten Ingenieure werden, sie wollten später Brücken und Straßen, Autos, Flugzeuge und Maschinen bauen. Manche wollten auch Arzt werden, andere wollten alles über Landwirtschaft lernen.

Sintajehu sagte: „Ich habe einen großen Hunger auf Lernen gehabt, ich will Lehrer werden. Wenn alle Leute in unseren Dörfern lesen und schreiben können, werden sie nicht mehr so leben wollen wie vor tausend Jahren."

Die Jungen lernten den ganzen Tag. Sie sagten: „Wir dürfen nicht faul sein. Wir haben nicht viel Zeit, der Hunger ist hinter uns her."

Denn keiner von ihnen hatte viel Geld. Oft saßen sie am Abend mit ihren Büchern unter den Straßenlaternen, weil sie sich keine Kerzen kaufen konnten.

Bald konnte Sintajehu die Miete nicht mehr bezahlen. Ein anderer Junge bekam seinen Schlafplatz, und Sintajehu schlief irgendwo: Manchmal unter den Bäumen, manchmal unter einem vorspringenden Dach, manchmal auch bei freundlichen Leuten in ihren Hütten. Er ging zu dem Hotel in der Stadt, wo die Reisebusse und schönen Autos hielten, mit denen die Weißen kamen. Sie wollten Löwen und Krokodile fotografieren. Sintajehu zeigte ihnen die Plätze, und sie gaben ihm etwas Geld dafür. Trotzdem wurde er nie richtig satt.

Dann kam wieder eine Regenzeit, und er fand niemanden, der ihn aufnahm. Er schlief im Freien auf der schlammigen Erde. Er bekam Husten und Fieber.

Sintajehu war jetzt fünfzehn Jahre alt.

Zum ersten Mal hatte er keinen Mut mehr. Er sagte zu den anderen Jungen: „Meine Arme und Beine sind dünn wie Stöcke, mein Kopf ist leer. Und ich muß noch soviele Jahre lernen! Ehe ich ein Lehrer bin, werde ich gestorben sein. Ich gehe zurück in mein Dorf."

Schon viele von den Jungen an der Schule waren fortgegangen, weil sie kein Geld mehr hatten.

Die anderen konnten Sintajehu nicht helfen. Sie sagten nur: „Warte, bis die Regenzeit vorüber ist. Jetzt sind alle Wege verschlammt."

Aber als der große Regen aufhörte, kam ein Mann aus Sintajehus Dorf. Er sagte:

„Deine Eltern grüßen dich. Du hast eine kleine Schwester bekommen, Meskerem heißt sie. Jetzt ist sie ein Jahr alt, und sie kann schon laufen. Sie ist ein schönes kräftiges Kind, sie wird leben. Das lassen deine Eltern dir sagen, und sie schicken dir diesen Beutel voll Mais und diese Gerstenkuchen."

Sintajehu machte ein Feuer auf dem Platz hinter dem Schulhaus. Er kochte einen dicken Maisbrei, und dabei dachte er an die Eltern und die neue kleine Schwester. Er war glücklich.

Dann rief er seine Freunde. Er sagte: „Kommt, eßt mit mir! Ich habe mir alles genau überlegt. Ich will nicht zwei Jahre lang umsonst gelernt haben. Ich will Lehrer werden, meine kleine Schwester und alle Kinder im Dorf sollen zur Schule gehen und später Berufe haben. Und ich will viele Kinder haben, die sollen alle Lehrer oder Lehrerinnen werden."

Die anderen lachten und aßen mit ihm. Sie sagten: „Seht Sintajehu an! Sieht er nicht aus wie der Vater von zwanzig kleinen Lehrerchen?"

EVA-MARIA KREMER

Das Rattenkind

Das kleine indische Dorf lag wie ausgestorben. Die Bewohner hatten sich in ihre Hütten zurückgezogen. In ihren Schatten war es besser auszuhalten als in der brennenden Sonne. Seit Monaten schauten die Bauern vergeblich zum Himmel. Keine Wolke ließ sich sehen. Die furchtbare Dürre hielt an.

Der Fluß trug schon lange Zeit kein Wasser mehr. Wer Wasser wollte, mußte seinen Tonkrug nehmen und eine Stunde weit bis zur Wasserstelle laufen. Aber viele Dorfbewohner hatten kaum noch die Kraft für weite Wege. Sie hungerten. Der letzte Reis war verbraucht. Die Menschen aßen Gras und warteten auf den Tod. Mit finsterer Miene blickte Bauer Singh auf seine Felder. Die trockene Erde war aufgerissen und steinhart. Dieser Boden, das wußte er, würde lange Zeit keine Nahrung hervorbringen.

„Über unser Dorf ist das große Sterben gekommen", sagte er zu seiner Frau. „Wir wollen uns aufmachen und in die Stadt ziehen. Vielleicht finde ich Arbeit. Dann könnten wir überleben."

Die Frau sah den Mann aus traurigen Augen an. Sie widersprach nicht. Wie sollte sie auch? Vom Dorf war nichts mehr zu erwarten. Vergeblich war sie in den Tempel gelaufen, vergeblich hatte sie die Götter angefleht, doch endlich Regen zu schicken.

Noch am gleichen Tag packten sie ihre wenigen Habseligkeiten zusammen, die Schlafmatten, zwei Decken, Tonkrüge und einige Kleider. Der Mann lud alles auf einen Handkarren. Die Frau nahm das Kind, ein Baby von knapp vier Monaten.

Schweigend verließ die Familie das Dorf. Es war ein trauriger Abschied. Die Frau weinte, das Kind schrie, und dem Bauern war es, als müßte er sterben. Es wurde eine schwierige Reise. Nadeem, das kleine Mädchen, schrie oft. Es hatte Hunger. Die Mutter nahm die Kleine und legte sie an ihre Brust. Aber das Kind fand kaum noch Milch. Deshalb tauchte die Mutter einen Stofflappen ins Wasser. Die Kleine saugte gierig und konnte wenigstens ihren Durst stillen.

Einmal hatte die Familie Glück. Ein freundlicher Lastwagenfahrer nahm sie eine Tagereise weit mit. Er schenkte der Frau auch Milchpulver für das Kind.

„Du kannst es unbesorgt annehmen", sagte er, „es ist nicht gestohlen. Eine europäische Organisation schickte es in unser Hungergebiet."

Nach fünf Tagen kam die Familie in Kalkutta an. Da sie keine Verwandten in der Stadt hatten, zimmerten sie sich aus Pappe und ein wenig Blech ein Dach über den Kopf. Die Hütte war schlechter als eine Hundehütte.

Der Bauer suchte Arbeit. Er fand keine. Es gab zu viele Arbeitslose in Kalkutta. Die Frau suchte in den Abfällen nach etwas Eßbarem. Eines Tages kam der Bauer froh nach Hause. „Jetzt wird es besser", rief er, „ich habe Arbeit."

Drei Tage lang schleppte er schwere Steine zu einem Bau. Aber er war durch den Hunger bereits zu sehr geschwächt. Am dritten Tag brach er tot zusammen. Die Frau starb ebenfalls an Erschöpfung.

Irgendjemand fand das Bündel mit dem Kind. Es sah aus wie eine kleine Leiche. Deshalb warf man Nadeem in einen Mülleimer. Dort wurde das Baby von einer mitleidsvollen alten Frau gefunden. „Du sahst aus, als seiest du längst tot", erzählte sie später, als Nadeem fünf Jahre alt war. „Die Ratten hatten dir den kleinen Finger von der linken Hand abgefressen."

Die alte Frau nahm das Kind mit heim. Lange Zeit blieb Nadeem klein und schwach, aber dann erholte sie sich, denn bei der alten Frau gab es genügend Reis, Brot und Früchte. Das Kind nannte die gute alte Frau „Großmutter". Einen Onkel jedoch, der oft zu Besuch kam, konnte Nadeem nicht leiden. Der Mann, ein Bruder der Frau, war ständig schlechter Laune. War er zu Gast, kochte sie ihm das Beste, aber nie war es ihm recht. Nadeem mußte sich vor ihm auf die Erde knien und seine Sandalen blitzblank reiben. Wenn sie dabei nicht flink genug war, schlug er sie. Die Kleine fürchtete sich deshalb, wenn der Onkel zu Besuch kam.

Nadeem war zehn Jahre alt, als die Großmutter starb. Die alte Frau lag still und friedlich auf ihrer Matte. Laut schreiend warf sich das Kind über die Tote. Dann hörte Nadeem, wie eine Nachbarin sagte: „Das arme Kind, der Bruder wird es holen. Es wird jetzt keine gute Stunde mehr haben."

Nadeem wurde vor Schrecken bleich. In ihrer Angst lief sie fort. Sie rannte, als ginge es um ihr Leben. Den ganzen Tag irrte sie durch die Straßen der großen Stadt. Als es Abend wurde, legte sie sich in einen Hauseingang.

„Mach, daß du fortkommst, dies ist mein Schlupfwinkel!" hörte sie eine Stimme. Vor ihr stand ein Junge von ungefähr elf Jahren. Er trug einen schmutzigen Lendenschurz.

„Hast du nicht verstanden? Fort, sage ich, sonst mach' ich dir Beine! Dies ist mein Platz."

Das Mädchen stand auf und legte sich vor den Hauseingang, denn es wollte keinen Streit.

Am anderen Morgen besah sich der Junge die Kleine. Donnerwetter, die trug ja ein richtiges Kleid. Ordentliche Schuhe hatte sie auch …

„Wo kommst du her?“ fragte er.

Nadeem erinnerte sich sogleich wieder an die tote Großmutter. Sie weinte.

„So heul doch nicht. Wie heißt du?“

„Nadeem.“

„Und ich heiße Raschid.“

Das Mädchen war froh, mit jemandem über ihr Leid sprechen zu können.

„Kannst du verstehen, daß ich nicht zu dem bösen Onkel will?“ frage sie, nachdem sie alles erzählt hatte.

Raschid nickte.

„Kannst du betteln?“ fragte er. „Wenn du auf der Straße leben willst, mußt du betteln.“ Der gerissene Raschid hatte bereits einen Plan.

„Mit Schuhen an den Füßen und in einem hübschen Kleid kann man nicht betteln. Wir werden einige Lumpen für dich besorgen und deine Sachen verkaufen.“

Nadeem blickte auf ihr Kleid. „Ich werde es nicht verkaufen“, sagte sie.

„Dann wird die Polizei kommen und dich zu dem bösen Onkel bringen“, log Raschid.

Aus Angst vor dem Onkel ließ sich Nadeem überreden. Raschid führte sie an sein Versteck. In einem alten Kanalrohr hielt er einige Lumpen verborgen. Die gab er dem Mädchen. Nadeem schüttelte sich vor Ekel, als sie in die Lumpen schlüpfte.

„Mit dir ist nichts anzufangen. Du bist ein verwöhntes Kind“, schalt Raschid.

„Ich bin nicht verwöhnt. Ich habe als Kind in einer Mülltonne gelegen. Die Ratten haben mir sogar den kleinen Finger der linken Hand abgebissen." Triumphierend hielt Nadeem dem Knaben ihre Hand vor die Augen. Das machte Eindruck.

„Dann komm, du Rattenkind", sagte er. „Wir wollen die Sachen verkaufen."

Raschid kannte sich in der Stadt gut aus. „Ich kenne alle Gassen und alle Winkel", prahlte er.

Später standen die Kinder vor einem Altkleiderhändler.

„Gute Leute schenkten uns diese Sachen", log Raschid, „aber wir müssen sie verkaufen. Seit langer Zeit haben wir nichts mehr gegessen."

Der Händler sah sogleich, daß Kleid und Schuhe gut waren. Da er jedoch ein Geschäft machen wollte, rief er: „Fort mit dem Kram, er ist nichts wert."

„Bitte, lieber Herr", flehte Raschid, „wir müssen verhungern." Er verdrehte bei diesen Worten die Augen. Es sah aus, als fiele er jeden Augenblick tot zu Boden.

Der Händler entnahm einem schmutzigen Beutel eine geringe Summe. „Mehr gebe ich nicht", knurrte er. Raschids Hand umklammerte das Geldstück.

„Heute werden wir Reis und Huhn essen", schwärmte er.

Er aß und aß. Zuerst kaufte er Huhn und Reis, dann Brot und einen kleinen süßen Kuchen, später aß er nochmals Huhn und Reis. Mit dem letzten Geld erstand er eine Flasche Coca Cola.

In dieser Nacht durfte Nadeem neben Raschid im Hauseingang schlafen. Und damit begann auch ihre Lehrzeit als Bettlerkind in den Straßen von Kalkutta.

Raschid schonte seine Schülerin nicht. Wenn sie nicht genug zusammenbettelte, schimpfe er. „Du mußt dich an die Reichen heranmachen", lehrte er sie. „Die reichen Leute geben zwar nicht aus Mitleid, aber sie wollen die Bettler möglichst schnell wieder loswerden. Du mußt die Augen verdrehen und ‚Hunger, Hunger' rufen."

Nadeem entdeckte bald, daß Raschid nicht nur bettelte. Er stahl auch. Besonders gern hielt er sich auf dem Markt auf. Er war flink wie ein Wiesel. Ehe sich die Verkäufer versahen, hatte er schon eine Banane oder eine Orange gestohlen.

„Mit der Bettelei kommen wir nicht weiter, wir sind schon zu groß", sagte er eines Tages" , wir werden deshalb hauptsächlich stehlen."

Nadeem war schon zu sehr ein Kind der Straße geworden, um noch widersprechen zu können.

Einmal, nach einem Streit, sagte Nadeem zu Raschid: „Heute stehle ich allein. Ich brauche dich nicht."

Zu ihrer Verwunderung rief der Junge: „Das ist prima. Dann können wir sehen, wer mehr zusammenbringt."

Die Kinder sollten sich nie wiedersehen.

Nadeem wurde auf frischer Tat ertappt. Der wachsame Händler packte die kleine Diebin bei den Haaren und schüttelte das Kind wie einen leeren Sack. Sie wollte sich losreißen. Da traf sie ein heftiger Schlag mitten ins Gesicht. Ihre Nase blutete. Als die Polizei kam, fand sie ein blutverschmiertes, heulendes Mädchen, dem der Händler die Hände über dem Rücken zusammengebunden hatte.

Sie brachten Nadeem ins Gefängnis. Dort kümmerte man sich kaum noch um das Kind. Woche um Woche verging. Nadeem wurde schwach und blaß. Sie bekam nur wenig und unregelmäßig zu essen.

Manchmal dachte sie an Raschid, aber häufiger dachte sie an die Großmutter. Nur noch einmal bei der guten alten Frau sein, wünschte sie sich.

Eines Tages kam eine Frau in einem langen weißen Kleid

in ihre Gefängniszelle. Sie sah das blasse, ängstliche Kind und fragte: „Wie alt bist du?"

Nadeem hatte lange nicht darüber nachgedacht. Die Augen der Frau erinnerten sie an die Augen der Großmutter. Sie konnte sich vom Anblick der Frau nicht losreißen und überhörte deshalb die Frage.

Die Frau strich ihr begütigend über das Haar.

„Weißt du denn nicht, wie alt du bist?"

„Doch", stotterte Nadeem, „ich lebe seit einem Jahr auf der Straße, bin also elf Jahre alt."

„Was tut so ein Kind hier im Gefängnis?" rief die Frau und schüttelte den Kopf.

Nadeem faßte Vertrauen und erzählte alles. Sie sprach von der Großmutter, die sie als Baby im Mülleimer gefunden hatte. Sie erzählte vom bösen Onkel und ihrer großen Angst. Sie berichtete von Raschid und ihrem Leben auf der Straße.

Die Frau hörte geduldig zu.

„Willst du mit mir kommen?" fragte sie, als Nadeem alles erzählt hatte.

Das Mädchen starrte die fremde Frau ungläubig an.

„Du wirst mit vielen anderen Kindern zusammen in einem Haus wohnen. Du wirst zur Schule gehen und fleißig sein. Du wirst nie mehr stehlen. Willst du mitkommen?"

Nadeem nickte. Sie konnte vor Freude kein Wort hervorbringen.

Zwölf Jahre später war sie selbst Lehrerin für schwererziehbare Kinder. „Gott erbarmt sich der Menschen", lehrte sie oft, „er hat sich auch meiner erbarmt, als ich noch ein Rattenkind war."

FRANK JEHLE

Laurentius

Laurentius kam als junger Mann von Spanien nach Rom. Dort wurde er Gehilfe des Bischofs und wohnte im bischöflichen Haus. Der Bischof leitete die christliche Gemeinde. Er predigte und feierte mit den Gläubigen das Abendmahl. Laurentius hatte dagegen die Aufgabe, für die Alten, Kranken und Armen in der Gemeinde zu sorgen. Täglich machte er Hausbesuche und half, wo es nötig war. Einer alten Frau, die nicht mehr aufstehen konnte, schüttelte er die Kissen und stellte ihr etwas zum Essen hin. Einem Aussätzigen, der von allen gemieden wurde, wusch und verband er die Wunden. Einen blinden Mann führte er regelmäßig an die Sonne und machte mit ihm einen Spaziergang. Eine arme Frau, deren Mann an einem Unfall gestorben war, beriet er, wenn sie nicht wußte, wie sie ihre halbwüchsigen Kinder erziehen sollte. Ab und zu steckte er ihr etwas Geld zu.

Doch eines Tages wurden die Christen in Rom schwer geprüft: Der alte Kaiser, der viel Wohlwollen für die christliche Gemeinde empfunden hatte, wurde von einem seiner Generäle im Schlaf erwürgt. Dieser machte sich selbst zum Kaiser. Und im Gegensatz zu seinem Vorgänger war er ein glühender Verehrer der römischen Götter. Kurz nachdem er sein Amt angetreten hatte, beschloß er, gegen die Christen vorzugehen. Sogleich ließ er den Bischof von Rom verhaften. Er sagte: „Wenn es mir gelingt, den Bischof von seinem

Glauben abzubringen, dann werden auch die übrigen Christen den Mut verlieren. Sie werden diesem Jesus Christus untreu werden und meine Götter verehren." Der Bischof wurde ins Gefängnis geworfen. Dort wurde er geschlagen und mit dem Tod bedroht. Aber er ließ sich nicht einschüchtern. Sein Glaube verlieh ihm die Kraft, die Qualen zu ertragen. Als der Kaiser sein Ziel nicht erreichte, befahl er, den Bischof vor die Stadt hinauszuführen und dort zu töten.

Die Nachricht von der bevorstehenden Hinrichtung des Bischofs verbreitete sich wie ein Lauffeuer. Viele Christen eilten vor die Stadt, um ihm Lebewohl zu sagen und ihm in seiner letzten Stunde Trost zu spenden. Auch Laurentius war dabei. Er umarmte seinen Bischof und sagte unter Tränen: „Verlaß dich nur auf mich! Ich werde treu für das sorgen, was man mir anvertraut hat."

Die Soldaten des Kaisers hatten dem Gespräch zwischen dem Bischof und seinem Gehilfen zugehört. „Er wird treu für das sorgen, was man ihm anvertraut hat. Da war sicher von Gold und Silber die Rede," flüsterten sie einander zu. „Die christliche Gemeinde ist offenbar reicher, als man denkt." Laurentius wurde beim Kaiser angezeigt: „Dieser junge Mann hütet den verborgenen Schatz der Christen. Er hat es selbst gesagt." Unverzüglich ließ darauf der Kaiser Laurentius verhaften wie vorher den Bischof. Der Kaiser sagte zu seinem Gefangenen: „Ich befehle dir, daß du das ganze Vermögen der christlichen Gemeinde herausgibst!" In Begleitung eines Offiziers wurde Laurentius in die Stadt geschickt. Hier sollte er den Schatz der christlichen Gemeinde aus seinem Versteck holen, um ihn dem Kaiser zu übergeben.

Geführt vom Offizier, der ihn bewachen mußte und der selbst heimlich ein Glied der christlichen Gemeinde war, kehrte Laurentius in den Palast des Kaisers zurück. Doch er war nicht allein! Hinter ihm kam eine ganze Gruppe von

Menschen. Da war der Aussätzige, dessen Wunden er gewaschen und verbunden hatte. Und da tastete sich der Blinde heran, mit dem Laurentius zu spazieren pflegte. Auch die Witwe war dabei, der Laurentius in mancher schweren Stunde mit Rat und Tat geholfen hatte. Und sogar die alte Frau, die nicht mehr aufstehen konnte, wurde auf einer Bahre von zwei jungen Burschen herbeigetragen. Diese jungen Männer hatten keine Eltern mehr und wurden im bischöflichen Haus von Laurentius erzogen. Ein Mann, der nur noch ein Bein hatte, wurde von einer gehörlosen Frau gestützt. Ein geistig behindertes Mädchen kam an der Hand eines ausgedienten Matrosen. Dieser hatte lange auf einem Schiff gearbeitet, das zwischen Ägypten und Rom verkehrte. Doch jetzt war er alt. Weil man ihn nicht mehr brauchen konnte, hatte man ihn an Land zurückgelassen, als das Schiff wieder in See stach. Laurentius hatte den Matrosen auf der Straße angetroffen. Auch er wohnte nun im bischöflichen Haus und half ein wenig im Haushalt.

„Was fällt dir eigentlich ein!“ fuhr der Kaiser Laurentius an. „Meinst du, mein Palast sei ein Armenhaus oder ein Spital?“ „Kaiserliche Majestät“, sagte darauf Laurentius, „du hast mir befohlen, dir das Vermögen der christlichen Gemeinde abzuliefern. Hier hast du es. Denn das wollte ich dir sagen: Der uns Christen von unserem Herrn Jesus Christus anvertraute Schatz sind die Alten, Einsamen, Kranken und Armen. Diesen Schatz kann uns niemand nehmen. Die Notleidenden – das hat unser Herr Jesus Christus selbst gesagt – haben wir allezeit bei uns.“

Der Kaiser war zuerst sprachlos. Doch dann faßte er sich und sagte höhnisch: „Mit dieser List entkommst du mir nicht. Ich werde dich so lange quälen lassen, bis du mit dem richtigen Schatz der christlichen Gemeinde herausrückst.“ Der Kaiser ließ Laurentius die Kleider ausziehen und ihn auf einen eisernen Rost binden. Unter diesen Rost mußten die Soldaten glühende Kohlen schieben, um Laurentius langsam zu rösten. Doch dieser blieb standhaft und Jesus Christus treu bis in den Tod. Trotz der Schmerzen scherzte er mit den Soldaten, die ihn so mißhandeln mußten, und sagte: „Ihr guten Leute, ohne es zu wissen, bereitet ihr mir eine wunderbare Erfrischung.“ Kurz vor seinem Tod sagte er zum Kaiser: „Die eine Seite hast du gebraten, brate auch die andere und iß!“ Dann betete er zu Gott: „Herr, ich danke dir, daß du mir das Himmelstor auftust.“ Mit diesen Worten gab er seinen Geist auf.

Bis zum heutigen Tag denkt man an Laurentius, weil er für Alte, Kranke und Arme sorgte. Auf alten Bildern trägt er für gewöhnlich einen eisernen Rost in der Hand, damit wir uns daran erinnern, wie tapfer und unbeirrt er in den Tod ging.

LENE MAYER-SKUMANZ

Franziskus bei den Aussätzigen

Weit vor den Mauern der Stadt, im Schatten der alten Kastanien, lag das Spital. Dort wohnten die Aussätzigen. Sie durften die Stadt nicht betreten, denn Aussatz war eine schwere Krankheit, keiner konnte sie heilen. Die Kranken bekamen Beulen am ganzen Leib, die Beulen brachen blutig und stinkend auf. Manchen Kranken verfaulten die Hände und Füße, manche wurden blind. Aber sie halfen einander, jeder so gut wie er konnte. Die noch gehen konnten, führten die Blinden. Die noch Hände hatten, gaben denen zu essen, die ohne Hände waren.

Franz hatte den Kranken immer Geld und Essen geschickt. Sie taten ihm leid. Aber noch nie war er selber zu ihnen gegangen. Ihm grauste zu sehr, er drehte den Kopf weg, er konnte das Elend nicht sehen. Wenn er an dem Spital vorüberritt, hielt er sich schnell die Nase zu.

Diesmal aber gab er nicht acht, wohin er ritt. Auf einmal hörte er jemanden schreien. Er hob den Kopf und sah: da war das Spital. Vor dem Tor saß ein Kranker und bettelte: „Mitleid, junger Herr! Gib mir was!“

Franz nahm seinen Geldbeutel und warf ihn hinüber. Der Beutel fiel vor dem kranken Mann in den Staub. „Danke!“ schrie der Mann. „Du guter Herr! Gott wird's dir tausendfach lohnen!“ Er streckte die Arme aus, um den Beutel aufzuheben. Aber er konnte ihn nicht erreichen. Da rutschte er mühselig auf verstümmelten Beinen nach vorn. Franz sah, daß der Mann keine Füße mehr hatte.

„Warte!“ rief Franz. Er stieg vom Pferd, lief hin und hob den Beutel auf. „Verzeih mir!“ sagte Franz. Er legte den Beutel in die Hand des Mannes.

„Rühr mich nicht an, junger Herr!“ rief der Kranke. „Du steckst dich an und wirst krank wie ich!“ Aber Franz hatte schon die Hand des Mannes in seine genommen, eine arme

Hand mit blutenden Fingern, er sah auf sie nieder und sagte: „Das muß man verbinden!“ „Ich habe kein Wasser und kein Verbandzeug“, sagte der Mann. „Oh mein Gott!“ rief Franz.

„Morgen“, versprach er dem kranken Mann, „morgen komme ich wieder und bringe Verbandzeug und Wasser und helfe dir deine Wunden verbinden.“

Franz schwang sich auf sein Pferd mit seinen gesunden Beinen, er faßte die Zügel mit seinen gesunden Händen, er trug ein weiches, schönes Gewand, Federn am Hut, und seine Stiefel waren gewiß die feinsten von ganz Assisi.

Franz schämte sich vor dem armen Mann. Er senkte den Kopf auf den Hals des Pferdes und weinte. Decke und Mähne wurden von Tränen naß. Das Pferd wußte den Weg. Es trug seinen Herrn nach Hause.

„Ich fürchte mich vor dem Spital“, dachte Franz, „vor den Wunden und dem Gestank.“ Aber er belud sein Pferd mit Decken, Verbandzeug und Essen. Er ging ins Spital und arbeitete für die Kranken den ganzen Tag. Am Abend stieg er müde zum Wald hinauf. Er fand eine kleine Kapelle, die Tür war nur angelehnt, er ging hinein, setzte sich auf eine wacklige Holzbank und ruhte sich aus. Hier war es dämmrig und still, vor dem Kreuz brannte kein Licht, aber Franz sah noch in dunklen Farben Jesus am Kreuz. Er sah und schaute und dachte nach, wer ärmer war, die im Spital ohne Hände und Füße oder der Mann am Kreuz, dessen Hände und Füße durchbohrt sind. Und Franz erinnerte sich, was Jesus gesagt hat: Was ihr dem geringsten meiner Brüder getan habt, das habt ihr mir getan.

„Ja, dann“, sagte Franz verwundert zu Jesus am Kreuz, „ja dann habe ich dich heute ein wenig kennengelernt. Ich habe für dich Wasser geschleppt und dich gebadet. Du hast es geschehen lassen und hast dich vor mir nicht geschämt. Ich hab’ deine Wunden verbunden, ängstlich und ungeschickt, und du hast danke gesagt trotz deiner Schmerzen. Ich hab' für dich Suppe gewärmt und dich Löffel um Löffel gefüttert, und du hast folgsam gegessen wie ein Kind bei der Mutter. Dann warst du satt und hast mich gebeten, ich soll dir etwas von draußen erzählen, von der Stadt und den Leuten, und ich hab' erzählt und die neuen Lieder gesungen, wie man sie jetzt von den Spielleuten überall hört. Du hast gefragt: Wirst du wiederkommen? Und ich hab' es versprochen und werde dich, Jesus, morgen wieder ein bißchen näher kennenlernen!"

ERICH JOOSS

Christophorus

„Seht, da kommt der Riese“, flüsterten die Leute, wenn sich Ophorus zeigte. Rasch traten sie dann in den Schatten ihrer Häuser oder verbargen sich in einer der winkligen Gassen.

Die Bewohner des kleinen Ortes in Kanaan fürchteten sich vor Ophorus. Denn er war groß wie ein Baum und viel stärker als ein Bär. Seine buschigen Augenbrauen und der Bart, der bis zur Brust hinunterfiel, gaben dem Riesen ein grimmiges Aussehen.

Ophorus hatte sich daran gewöhnt, daß er von den Menschen gemieden wurde. Er lebte in einer Hütte weit draußen am Rand der Wüste. Hier saß er oft stundenlang auf der Türschwelle und starrte vor sich hin. Er war traurig. Doch er wußte nicht, was ihm fehlte.

Eines Tages zog Ophorus mit seiner Schafherde durch das Dorf. Da begegnete er einem Ochsenkarren, der von der Straße abgekommen war. Zornig schlug der Fuhrmann auf die Ochsen ein. Als der den Riesen sah, verkroch er sich hinter dem Wagen.

Ophorus überlegte nicht lange. Er spannte die Zugtiere aus. Dann hob er das schwere Gefährt hoch, wie wenn es ein Spielzeug wäre, und stellte es behutsam zurück auf die Straße.

Die Leute aus dem Dorf hatten Ophorus beobachtet. Jetzt verließen sie ihre Häuser. Auch die Kinder liefen herbei. Neugierig umringten sie den starken Mann. „Du heißt zu

Recht Ophorus, der Lastenträger“, sagten die Dorfbewohner. „Niemand sonst kann so gewaltige Lasten heben.“

Der Riese stand unbeholfen da, während sie an seinen Kleidern zupften und seine Muskeln befühlten. Zum erstenmal hatten sie keine Angst vor ihm. Immer mehr Menschen drängten sich um Ophorus.

Plötzlich hörte er die Stimme eines Kindes. „Warum dienst du nicht dem mächtigsten Herrn der Welt?“ Ophorus zuckte zusammen. „Wer ist der Herr der Welt?“ wollte er wissen. Er bekam keine Antwort.

Der Riese wunderte sich. Gab es denn einen Herrscher, der mächtiger war als alle anderen? Nachdenklich pfiff er seinem Hund, der die Schafe zusammentrieb. Dann wandte er sich um. „Bleib doch bei uns“, sagten die Dorfbewohner zu ihm. Aber der Riese schüttelte nur den Kopf.

In dieser Nacht schlief Ophorus sehr unruhig. Immer wieder mußte er an die Frage des Kindes denken: „Warum dienst du nicht dem mächtigsten Herrn der Welt?“ Der Schweiß stand ihm auf der Stirne.

Schließlich erhob er sich von seinem Lager. „Ich will den Herrn der Welt suchen“, murmelte er und griff nach dem Hirtenstab. Als er aus seiner Hütte trat, funkelten die Sterne am Himmel. Ophorus ging fort, ohne sich noch einmal umzusehen.

Auf der Suche nach dem mächtigsten Herrn durchwanderte der Riese viele Länder. Aber nirgends fand er den König der Könige, dem alle Menschen untertan waren. Schon wollte er wieder umkehren. Da sah er eines Tages eine Stadt, deren Türme goldene Dächer hatten. Diese Stadt lag auf einem Hügel und war von gewaltigen Mauern umgeben.

Ophorus folgte den Menschen, die zum Stadttor strömten. Vor dem Tor herrschte ein dichtes Gedränge. Als der Riese erschien, wurde es still auf dem Platz. Ängstlich wich die

Menge zurück. Nur ein Bettler streckte Ophorus seine leere Schale entgegen.

„Wem gehört die Stadt?“ erkundigte sich der Riese. „Unserem Kaiser“, gab der Bettler zur Antwort, „dem mächtigsten unter den Herrschern. Niemand kann seine Soldaten zählen.“ Als Ophorus das hörte, fing er an zu tanzen. „Ich habe den Herrn der Welt gefunden“, rief er und klatschte in die Hände.

Mit großen Augen schaute der Bettler zu. Weshalb freute sich der Riese? Vorsichtig berührte er den Arm von Ophorus. „Soll ich dich zum Kaiser führen?“ fragte er. „Bestimmt hält sich der Herrscher im Palastgarten auf. Man sagt, daß er die Blumen liebt und den Gesang der Vögel.“

Ophorus unterbrach den Bettler. Er war voller Ungeduld. „Schnell, zeig mir den Weg“, drängte er. Da nahm der Bettler seine Krücken und humpelte vor dem Riesen her. Sie zogen durch die Straßen der Stadt bis zum Palast, dessen Mauern in der Sonne schimmerten.

Hinter dem Palast erstreckte sich der Garten des Kaisers. Ophorus staunte über die seltsamen Bäume, die hier wuchsen. Es gab schattige Plätze und einen Teich, der mit Wasserrosen bedeckt war. An seinem Rand spazierte ein Pfau entlang. Während der Riese dem Vogel zusah, erklang eine Musik von Flöten und Trommeln. Die Sänfte des Kaisers wurde vorübergetragen.

„Worauf wartest du noch?“ fragte der Bettler und stieß Ophorus in die Seite. Dieser schreckte hoch. „Ich will dem mächtigsten Herrn der Welt dienen“, rief er, so laut er konnte.

Neugierig beugte sich der Kaiser aus der Sänfte. Mit den Augen musterte er den Riesen. Er staunte über seine gewaltigen Schultern, über die Hände, die groß wie Schaufeln waren. „Bleib bei mir“, sagte er und nickte Ophorus zu.

Schon bald wurde deutlich, daß der Kaiser Vertrauen zu

dem neuen Gefolgsmann hatte. Der Riese durfte hinter dem Thron stehen, wenn sich die Fürsten des Reiches versammelten. Er bediente seinen Herrn bei Tisch und legte ihm die Speisen auf den goldenen Teller.

Manchmal schob der Kaiser die Speisen weg, weil ihn Sorgen bedrückten. Dann ließ er den Hofnarren kommen, der in wilden Sprüngen durch den Saal tanzte und dazu Grimassen schnitt. Eines Abends hatte der Narr seine Laute in der Hand. Er wollte ein Lied vom Teufel singen. Als der Name des Bösen fiel, zuckte der Kaiser zusammen. Sein Gesicht wurde blaß.

Der Riese wunderte sich über den Herrscher, der wie erstarrt auf dem Thron saß. „Wovor fürchtest du dich?“ fragte Ophorus. Doch der Kaiser gab keine Antwort. Er hielt die Augen geschlossen und schien in sich hineinzuhorchen. Schließlich erklärte er mit leiser Stimme: „Ich habe Angst vor dem Teufel. Er kann uns alle ins Verderben stürzen.“

„Angst vor dem Teufel?“ wiederholte der Riese und trat einen Schritt zurück. „Dann bist du nicht der mächtigste Herr der Welt!“ Da zitterte der Kaiser. „Du hast recht“, sagte er. „Der Herr der Finsternis ist mächtiger als ich.“

Noch in der gleichen Nacht verließ Ophorus den Palast. „Wohin gehst du?“ schrien die Wachsoldaten dem Riesen nach. „Ich suche den Teufel“, antwortete dieser. „Kein Mensch hat so viel Macht wie der Böse. Ihm will ich dienen.“

So finster war diese Nacht, daß Ophorus kaum den Hirtenstab in seiner Hand sehen konnte. Trotzdem lief er, ohne zu rasten. Als der Morgen dämmerte, zog ein dichter Nebel auf. Die Bäume und Büsche am Wegrand schienen lebendig zu werden. Mit ihren langen Armen griffen sie nach dem Riesen.

Zum erstenmal spürte Ophorus so etwas wie Furcht. Verwirrt blieb er stehen. Da hörte er den Hufschlag eines Pferdes. Aus dem Nebel tauchte ein Reiter auf, dessen Umhang scharlachrot leuchtete. „Was tust du hier?“ fragte der Fremde. Seine Stimme klang hart und abweisend.

„Ich suche den Teufel“, antwortete Ophorus. „Man sagt, er sei der mächtigste unter den Herrschern. Wenn das stimmt, will ich ihm Gefolgschaft leisten.“ Bei diesen Worten hob der Fremde sein dunkles Gesicht, in dem die Augen wie zwei Feuer brannten. „Komm mit!“ forderte er den Riesen auf. „Du wirst es nicht bereuen. Denn ich bin der Herr, den du suchst.“

Ophorus schaute den Reiter erstaunt an. Sollte das der König der Könige sein, der die ganze Welt regierte? Während er noch zögerte, erschien ein schwarzes Pferd. „Steig auf“, befahl der Teufel. Der Riese hatte das Gefühl, als sei die Luft zu Eis erstarrt. Da gehorchte er.

Es dauerte nicht lange und Ophorus merkte, welche Macht sein neuer Herr besaß. Wohin sie auch kamen, schürte der Teufel Haß und Streit. Unter seinem Einfluß veränderten sich die Menschen. Sie verachteten die Armen und Notleidenden. Aus Freunden wurden Feinde, die sich erbittert bekämpften.

Endlich habe ich den Herrn der Welt gefunden, dachte der Riese. Er war stolz darauf, daß er dem Teufel diente, und erfüllte ihm jeden Wunsch. Wenn der finstere Herrscher es wollte, zerstörte Ophorus sogar die Lehmhütten der Bauern oder raubte das Vieh auf den Weiden.

Eines Tages zogen sie eine kleine Straße entlang. Die Sommerhitze hatte den Boden ausgetrocknet, so daß der Staub in dünnen Fahnen hinter ihnen herwehte. Plötzlich scheuten die Pferde. Als der Riese aufblickte, entdeckte er am Wegrand ein Kreuz. Es war aus Balken gezimmert.

Auch der Teufel hatte das Kreuz gesehen. Fluchend lenkte er seinen Gaul zur Seite. Sie bahnten sich einen Pfad durch wildes Gestrüpp und gelangten erst nach vielen Mühen wieder zurück auf die Straße.

Ophorus ärgerte sich. „Weshalb hast du mich einen Umweg geführt?“ fragte er den Teufel. Doch der ritt schweigend weiter. Nach einer Weile wurde der Riese ungeduldig und drohte: „Gib mir eine Antwort, sonst verlasse ich dich!“ Da besann sich der Böse. Mit heiserer Stimme sagte er: „Ich fürchte mich vor dem Kreuz. Denn dieses Zeichen erinnert an Jesus Christus.“

„Jesus Christus?“ Der Riese wiederholte den Namen, den er noch nie gehört hatte. Er schüttelte den Kopf. Durch die ganze Welt war er gewandert, und nun stand er wieder am Anfang seiner Suche. Voller Zorn stieg Ophorus von seinem Pferd. „Nimm zurück, was dein ist“, sprach er zum Teufel. „Wer Angst hat, bei dem kann ich nicht länger bleiben.“

Dann ergriff er seinen Hirtenstab und entfernte sich mit großen Schritten. In allen Städten und Dörfern, durch die er kam, fragte er nach Jesus Christus. Aber die Leute zuckten nur mit den Schultern oder machten ein erstauntes Gesicht. Der Riese wandte sich unwillig ab. Hatte ihn der Teufel betrogen? Wo lag das Königreich, das Jesus gehörte?

Auf seiner Suche durchquerte Ophorus endlose Wälder. Mit einem Schiff fuhr er über die Meere. Kein Weg erschien ihm zu weit, kein Berg zu hoch.

Nach vielen Jahren gelangte er schließlich zu der Hütte eines Einsiedlers. Diese war aus Zweigen geflochten und gewährte einen notdürftigen Schutz gegen Wind und Wetter. Der Einsiedler hockte an der Feuerstelle. Er wärmte die Hände über den Flammen. Als sich Ophorus zu ihm setzte, nickte er freundlich.

„Warum lebst du so fern von den Menschen?“ wollte der Riese wissen. Neugierig betrachtete er sein Gegenüber. Der alte Mann hatte lange weiße Haare. Er trug ein Gewand aus

Ziegenfellen, das mit einem Strick umgürtet war. „Ich bin gern allein", sagte der Mann. „Hier in der Wildnis kann ich ungestört meinem Herrn Jesus Christus dienen."

Als Ophorus das hörte, sprang er auf. Erregt packte er den Einsiedler bei den Händen und drängte: „Erzähl mir mehr von deinem Herrn. Auch ich will ihm dienen. Was soll ich für ihn tun?" Während Ophorus fragte, hob der Alte erstaunt der Kopf. „Jesus ist der Sohn Gottes", erklärte er und schaute den Riesen an. „Du mußt beten und fasten. Dann findet er Gefallen an dir."

Diese Auskunft gefiel Ophorus ganz und gar nicht. Er stampfte auf den Boden. „Dein Herr soll etwas anderes von mir verlangen", rief er. Richtig wütend war er geworden. „Was denkst du eigentlich?" schimpfte Ophorus. „Mein Körper ist groß und stark. Ich brauche viel zu essen, und ich kann nicht dauernd stillsitzen und beten."

Der Einsiedler überlegte. Wie oft hatte er schon Ratsuchenden geholfen! Aber bei dem Riesen fühlte er sich unsicher. Plötzlich kam ihm ein Gedanke. Er sagte: „Nicht weit von hier gibt es einen reißenden Fluß. Die Menschen, die an das andere Ufer müssen, gefährden ihr Leben. Trage sie hinüber. Auf diese Weise dienst du Jesus Christus."

Ophorus hatte aufmerksam zugehört. Seine Augen glänzten. „Wo liegt der Fluß?" fragte er und ließ sich den Weg beschreiben. Am liebsten wäre er sofort aufgebrochen. Doch der alte Mann hielt ihn fest. „Bleib noch bei mir", bat er. „Die Dunkelheit kommt, und ich will dir mehr von meinem König erzählen."

Als der Riese am nächsten Tag den Fluß sah, wich er überrascht zurück. Das Wasser schäumte gegen die Ufersteine. Es glich einem wilden Tier, das auf Beute lauert und plötzlich zuschlägt.

Ophorus mußte lange suchen, bis er einen geschützten

Platz entdeckte. Dort errichtete er eine Hütte. Von nun an trug er alle Menschen, die bei ihm anklopften, über den Fluß. Schon bald sprach sich herum, was der Fremde tat. „Der mächtige Gott hat uns einen Fährmann geschickt", sagten die Bauern und Hirten, die Frauen und Kinder, denen er half.

So vergingen die Jahre. Der Rücken des Riesen begann sich zu krümmen, und sein Bart wurde grau. Eines Abends hörte Ophorus einen hellen Ruf: „Bring mich hinüber!" Als er vor die Hütte trat, blieb alles still. Ich habe geträumt, dachte er.

Da erklang die Stimme ein zweites Mal. Aber niemand zeigte sich. Nur das Mondlicht schimmerte auf dem Fluß, der ruhiger als sonst dahinströmte. Nach dem dritten Ruf stand plötzlich ein kleines Kind neben dem Riesen. Wortlos deutete es zum anderen Ufer. Ophorus faßte das Kind mit seinen starken Händen und hob es auf die Schultern.

Als der Riese durch das Wasser schritt, kam ein mächtiger Wind auf. Die schwarzen Wolken am Himmel flogen pfeilschnell dahin, und der Fluß fing an zu brausen und zu toben.

Ophorus mußte sich mit seinem Stab gegen die Wellen stemmen, die höher und höher stiegen. Er keuchte vor Anstrengung. Jetzt wurde auch das Kind auf seinen Schultern immer schwerer, so daß er glaubte, im Fluß zu versinken. Eine schreckliche Angst ergriff den Riesen. Verzweifelt bat er: „Herr, hilf mir", während die Wogen über seinem Kopf zusammenschlugen.

Da spürte er auf einmal festen Boden unter den Füßen. Das Wasser ging zurück. Erschöpft kauerte sich Ophorus am jenseitigen Ufer des Flusses nieder. Als das Kind von seinem Rücken kletterte, seufzte der Riese: „Wenn ich die ganze Welt getragen hätte, sie wäre nicht schwerer gewesen."

„Du hast viel mehr getragen. Denn ich bin Jesus Christus, der Herr der Welt", antwortete das Kind. Nach diesen Worten verschwand es. Ophorus hörte nur noch eine Stimme, die zu ihm sprach: „Nimm deinen Hirtenstab und pflanze ihn in die Erde. Das tote Holz wird zum Leben erwachen. So erkennst du, daß ich die Wahrheit sage.“

Der Riese fühlte eine unendliche Müdigkeit. Er steckte den Stab in den Boden und legte sich daneben. Als er am nächsten Morgen die Augen öffnete, brannte die Sonne vom Himmel. Auf sein Gesicht aber fiel der Schatten eines Baumes, an dem köstliche Früchte hingen.

Voll Freude sah er zu dem grünen Blätterdach hinauf. Das Kind hatte ihn mit einem Wunder beschenkt. Aus Ophorus, dem Träger, war Christophorus, der Christusträger, geworden.

JÜRG BAUR

Abdallah der Fischer

Abdallah der Landbewohner war ein armer Fischer. Jeden Tag zog er mit seinem einzigen Netz zum Meeresstrand, warf es aus und fing Fische. Diese verkaufte er auf dem Markt in der nahegelegenen Stadt. So hatten Abdallah und seine Frau viele Jahre lang genug zu essen. Auch ihre Kinder litten nie Mangel, bis zum Tag, als Abdallahs Frau ihr zehntes Kind gebar. „Das Brot für morgen kommt morgen", versprach Abdallah ihr, nachdem er das Neugeborene auf seinen Armen gewiegt und es liebkost hatte. Früher als sonst, lange vor Sonnenaufgang, zog er zum Meeresstrand, warf sein Netz aus, wartete, holte es ein, zog es an Land. Es war leer. „Herr aller Welten", betete er verzweifelt, als er sein Netz zum zweiten Male auswarf, „Du hast uns dieses zehnte Kind geschenkt. Es kann nicht Dein Wille sein, daß dieses Kind, seine Mutter und seine Geschwister verhungern. Herr, laß mich ein volles Netz an Land ziehen."

Als er es eingezogen hatte – die Sonne stand schon hoch am Himmel –, fand sich wiederum kein einziger Fisch im Netz.

Verzweifelt packte Abdallah sein Netz zusammen und eilte auf den Markt, mit der festen Absicht, seiner Familie etwas Eßbares zu besorgen, selbst wenn er dafür sein einziges Netz verkaufen müßte.

Als Abdallah, da er kein Geld hatte, dem Bäcker sein Netz

entgegenstreckte, geschah etwas Seltsames. Der Bäcker nahm vier riesige Laibe Brot aus dem Ofen, drängte sich durch die Menge, die ihm ihr Geld anbot, ohne daß er es beachtete, zu Abdallah. „Nimm diese Brote“, sagte er zu ihm, „und behalte dein Netz. Ich weiß, daß du mich bezahlst, wenn es richtig voll ist. Hier hast du außerdem zehn Münzen, um deiner Familie zu essen zu geben.“

Bevor Abdallah sich richtig bedanken konnte, stand der Bäcker schon wieder neben seinem Ofen und begann, die Kunden zu bedienen.

Abdallah aber eilte nach Hause, übergab das Brot und Geld seiner Frau, eilte wieder zum Meeresstrand hinunter und warf das Netz aus. Ich will dem großzügigen Bäcker schon morgen früh meine Schulden zurückzahlen, dachte er bei sich.

Inzwischen war es später Nachmittag geworden, und der Fischer, der seit dem frühen Morgen auf den Beinen war, mußte mit dem Netz in den Händen eingeschlummert sein.

Denn das Netz fühlte sich seltsam schwer an. Träumend zog es der Fischer an Land. – Was war das? Im Netz steckte ein menschliches Wesen.

„Hab keine Angst“, hörte der entsetzte Abdallah eine Stimme rufen, „ich bin kein böser Dämon, sondern ein Mensch wie du. Zieh mich an Land, damit ich dir meine Dankbarkeit beweisen kann.“

„Ein Mensch wie ich?“ fragte der Fischer.

„Ich gehöre zu den Kindern des Meeres und wandelte gerade umher, als du das Netz über mich warfst“, antwortete das seltsame Wesen. „Laß mich frei, und du sollst mein Gebieter und Freund sein. Wir wollen einen Bund schließen.“

„Was für einen Bund?“ wollte der Fischer wissen.

„Komm jeden Tag an diese Stelle und bring mir einen Korb mit Früchten, die bei euch auf dem Festland wachsen:

Trauben, Pfirsiche, Wassermelonen, Feigen oder Granatäpfel. Dafür werde ich dir den Korb, in dem du mir die Früchte bringst, mit den Edelsteinen des Meeres füllen: mit Perlen, Korallen, Chrysolithen, Rubinen und Smaragden. – Nun, was hältst du von meinem Vorschlag?“

„Der Herr aller Welten sei Zeuge unseres Bundes“, sprach der Fischer und befreite das seltsame Wesen aus dem Netz.

„Ich heiße Abdallah“, stellte das Wesen sich vor.

„Wie ich?“ staunte der Fischer.

„So bist du Abdallah der Landbewohner, und ich bin Abdallah der Meermann. Warte hier auf mich, damit ich dir ein Geschenk bringen kann“, forderte er den Fischer auf, verschwand im Wasser und war lange Zeit nicht mehr zu sehen.

Abdallah den Landbewohner reute es schon, daß er den Meermann hatte entwischen lassen. Da rauschte es plötzlich, und vor ihm stand Abdallah der Meermann. In seinen Händen funkelten Perlen, Korallen, Smaragde, Rubine und andere Edelsteine. „Nimm sie hin, mein Bruder. Leider hatte ich keinen Korb. Sonst hätte ich ihn dir gefüllt“, sprach der Meermann. Dabei ließ er die Edelsteine in die Hände des Fischers gleiten, der sich vor Überraschung hatte setzen müssen und den Meermann mit offenem Munde anstarrte.

„Vergiß nicht, morgen wiederzukommen und mich zu rufen“, ermahnte er den Landbewohner, der seine Sprache noch nicht wiedergefunden hatte und immer noch ungläubig bald auf den Meermann, bald auf die kostbaren Steine in seinen Händen blickte.

Ehe er es sich versah, war Abdallah der Meermann wieder in den Wogen des Meeres verschwunden.

Nachdem sich Abdallah der Landbewohner etwas von der freudigen Überraschung erholt hatte, verstaute er die Edelsteine in den Taschen seines Gewandes; er sprang auf die Füße und eilte, so schnell er konnte, zu seinem Wohltäter, dem Bäcker. Er nahm ihn beiseite und drückte dem verdutzten Mann die Hälfte der Edelsteine in die Hände, die ihm der Meermann geschenkt hatte. „Du hast mir geholfen, als ich in Not war. Jetzt ist das Glück zu uns gekommen", erklärte er dem Bäcker, der sich zuerst weigerte, die Kleinodien anzunehmen. Schließlich aber gab der Bäcker nach, steckte die Edelsteine ein, rannte zum Ofen, klemmte die knusprigsten

Brote unter den Arm, verteilte die andern unter die wartenden Kunden, steckte alles Bargeld seiner Kasse in die Tasche, eilte zum lächelnden Fischer zurück, nahm ihn beim Arm und führte ihn auf den Markt. Dort eilte der Bäcker von einem Stand zum andern. Er kaufte die köstlichsten Gemüse, frisches Fleisch und die erlesensten Früchte.

Schwer beladen zogen die beiden Männer ins Heim Abdallahs des Landbewohners, wo eine Frau und viele Kinder nicht wußten, wie ihnen geschah. Da stand plötzlich ein wildfremder Bäcker am Herd, streute fremdländische Gewürze auf junges Gemüse, das in einem irdenen Topf kochte, beträufelte Lammfleisch mit libanesischem Zedernwein und schmorte ägyptische Datteln in sudanesischem Öl. Am frühen Morgen, lange vor Sonnenaufgang, verabschiedete sich der Bäcker vom Fischer mit dem Versprechen, für ihn und die Familie vierzig Semmeln zu backen. Abdallah der Landbewohner aber trug den Korb, den er am Abend mit Früchten aller Art gefüllt hatte, zum Meeresstrand und rief: „Wo bist du, Abdallah, o Meermann?“

Da rauschten die Wogen; alsdann erschien Abdallah der Meermann und schritt aufs trockene Land. „Hier bin ich, mein Gebieter“, sprach er, lud sich den Korb mit Früchten auf, verschwand damit im Meer und kehrte wieder zurück. Den Korb hatte er mit den herrlichsten Edelsteinen und Juwelen gefüllt.

Abdallah der Landbewohner deckte den Korb mit einem Tuch zu und eilte zum Hause des Bäckers. Für die Semmeln, die dieser gebacken hatte, gab er ihm vierzig Edelsteine. Dann brachte er den Korb nach Hause und stellte ihn dort ab. Er wählte von jeder Art einen besonders funkelnden Edelstein, begab sich zum Scheich des Juwelierbasars und bot sie ihm zum Kauf an. „Hast du noch mehr davon?“ fragte dieser mit blitzenden Augen.

„Einen ganzen Korb voll“, erwiderte der arglose Fischer.

„Packt ihn“, herrschte der Scheich seine Diener an, und der Fischer sah sich von kräftigen Armen gepackt und gefesselt.

Mit Fußtritten und Knüppelschlägen wurde er durch die Gassen getrieben. Schließlich stand er im Hof eines riesigen Palastes.

„Größter König unserer Zeit“, rief der Scheich des Juwelierbasars, „endlich haben wir ihn“.

„Wen?“ wollte der König wissen.

„Den Dieb, der das Halsband deiner erlauchten Gemahlin gestohlen hat“, frohlockte der Scheich, „und diese Juwelen hier haben wir ihm abgenommen, und wir, deine getreuen Diener, haben außerdem …“

„Man zeige die Steine meiner Gemahlin“, unterbrach ihn der König, „und frage sie, ob sie ihr gehören.“

Sofort kam einer der Wächter dem Befehl nach und meldete zurück, die Königin habe das vermißte Halsband in ihrem Gemach wiedergefunden. Die Juwelen, die man ihr gezeigt habe, seien indessen weit schöner als die ihren. Wenn sie der Mann, dem sie gehörten, verkaufen wolle, möge er einen gerechten Preis dafür erhalten und man solle ihm kein Unrecht tun.

„Wie konntet ihr es wagen“, rief der König, „einen unbescholtenen Mann des Diebstahls zu verdächtigen.“

„Wir wußten nur, daß er ein armer Fischer war, und glaubten, er habe die Steine gestohlen“, verteidigte sich der Scheich.

„Vielleicht hat sie ihm der Herr aller Welten auf eine Weise zukommen lassen, die ihr euch in euren kühnsten Träumen nicht vorstellen könnt. – Bindet den Mann los und verschwindet“, befahl der König.

Nachdem der Scheich und seine Diener verschwunden

waren, ließ der König den Fischer ins Badehaus führen. Dort wuschen Diener seinen Leib, kleideten ihn in die prächtigsten Gewänder und geleiteten ihn zum König zurück; und Abdallah der Landbewohner erzählte seinem Herrscher von seinem Bund mit Abdallah dem Meermann.

„Gepriesen sei der Herr aller Welten, der dir zu deinem Glück verholfen hat", sprach der König, als der Fischer geendigt hatte. „Es ist mein Wille, dich vor dem Neid und der Mißgunst der Menschen zu beschützen, Gefühle, die heutzutage allerorten die Herzen beherrschen. Reichtum verlangt hohen Stand. – Huldigt eurem Wesir, dem Erben meines Reiches", befahl er den Höflingen, die sich genähert hatten und ihren Ohren nicht trauen wollten.

Und sie kamen, warfen sich vor Abdallah dem Landbewohner in den Staub, umfaßten seine Knie und schworen ihm ewigen Beistand gegen alle seine Feinde. Hierauf schickte der König zum Hause Abdallahs. Dienerinnen kleideten seine Frau und seine Kinder in königliche Gewänder. Krieger, Boten und Wachen schritten vor den Sänften her, in denen Abdallahs Familie zum Königspalast getragen wurde. Dort machte die Königin Abdallahs Frau zu ihrer Wesirin, und der König ehrte Abdallahs Söhne, indem er sie auf seinen Schoß nahm und sie an seiner Seite sitzen ließ.

Noch vor Sonnenaufgang machte sich Abdallah der Wesir auf, um seinen Korb mit Früchten dem Meermann zu bringen und die Früchte gegen Edelsteine einzutauschen. Zuvor aber wollte er seinen Freund, den Bäcker, aufsuchen, um ihm von seinem Glück zu erzählen. Doch er fand den Backofen verschlossen, erkaltet, und sein Freund war nirgends zu sehen. „Ich will später noch einmal nach ihm sehen", beschloß Abdallah der Landbewohner und eilte mit seinem Korb dem Meeresstrand zu, wo er mit Abdallah dem Meermann Früchte gegen Edelsteine tauschte. Auf dem Heimweg kehrte er zum Ofen des Bäckers zurück. Der Ofen aber war ebenso kalt und verschlossen wie zuvor. Wo blieb nur sein Freund?

Schließlich erfuhr er von einem Nachbarn des Bäckers, daß dieser krank in seinem Haus am Stadtrand liege. Sofort machte sich Abdallah der Wesir dorthin auf. „Ich bin nicht krank“, gestand der Bäcker seinem Freund, nachdem er ihn umarmt und ins Haus gebeten hatte, „man hat mir nur berichtet, du seist ein Dieb, und der König habe dich gefangengenommen. Da fürchtete ich mich und verbarg mich in meinem Haus.“

„Sei ohne Furcht“, beruhigte ihn Abdallah der Landmann, „der König hat mich zu seinem Wesir gemacht. Du wirst bald von mir hören.“ Er umarmte den Bäcker, leerte alle Edelsteine, die ihm der Meermann gegeben hatte, auf den Tisch seines Freundes und kehrte mit dem leeren Korb zum Palast zurück, wo der König schon aufgestanden war und auf ihn wartete.

„Du warst wohl heute nicht beim Meermann“, sagte er, wobei er auf den leeren Korb wies, den sein Wesir trug. „Ich war bei ihm, mein König“, antwortete Abdallah der Landbewohner, „aber ich habe alle Steine meinem Freund geschenkt.“

„Wer ist denn dein Freund?“ wollte der König wissen.

Da erzählte ihm Abdallah der Landbewohner, wie die Güte des Bäckers ihn und seine Familie vor dem Hunger und der Verzweiflung bewahrt hatte.

Der König verstand die Güte des Bäckers so sehr, als ob sie ihm erwiesen worden wäre. „Sende nach ihm“, bat er Abdallah den Landbewohner, „wir wollen deinen Bäcker zum Wesir der Linken machen“.

Und so geschah es. Der Bäcker diente hinfort seinem König als Wesir zur Linken, während Abdallah der Landbewohner als Wesir zur Rechten waltete. Das Reich blühte, und niemand litt Hunger. Jeden Tag eilte Abdallah der Landbewohner zum Strand und tauschte mit Abdallah dem Meermann Früchte gegen Edelsteine. Als im Herbst die Gartenfrüchte zur Neige gingen, nahm er Rosinen, Mandeln, Haselnüsse, Walnüsse und getrocknete Feigen mit. Auch dafür war ihm der Meermann dankbar und füllte den Korb des Landbewohners mit blinkenden Edelsteinen.

Eines Tages aber begannen Abdallah der Landbewohner und Abdallah der Meermann miteinander zu plaudern, während sie Früchte gegen Edelsteine tauschten. Da lud der Meermann den Fischer ein, ihn in seinem Haus auf dem Meeresgrund zu besuchen.

Weil der Fischer fürchtete, im Wasser zu ertrinken, holte der Meermann eine Salbe, die wie Rinderfett aussah. „Salbe damit deinen Leib ein“, forderte er den Landbewohner auf, „und das Wasser kann dir nichts anhaben. Es ist das Leberfett eines Dandans, eines Fisches, der größer ist als zwanzig Kamele.“

„Wird mich nicht ein anderer Dandan verschlingen, wenn er mich erblickt?“ erkundigte sich der ängstliche Fischer.

„Nein“, beruhigte ihn der Meermann, „denn er fürchtet niemanden und nichts so sehr wie die Landbewohner. Frißt er einen von ihnen, oder stößt der Landbewohner einen Schrei aus, so muß der Dandan auf der Stelle sterben.“

Da sprach der Landbewohner: „Ich setze mein Vertrauen auf den Herrn aller Welten“, legte die Kleider ab und salbte seinen Leib mit dem Leberfett des Dandans vom Scheitel bis zur Sohle ein.

Nachdem der Meermann bereits kopfvoran ins Wasser getaucht war, faßte sich auch der Landbewohner ein Herz und folgte seinem Freund mit einem weitaus zaghafteren Sprung in die Fluten nach.

Als er die Augen wieder öffnete, merkte Abdallah der

Landbewohner, daß ihm das Wasser nichts anhaben konnte. Ja, er begann es zu genießen, sich nach allen Richtungen treiben zu lassen, wie er wollte. Die Meeresoberfläche wölbte sich wie ein Zeltdach über ihm, als der Meermann zu ihm glitt.

„Was siehst du, mein Bruder?" fragte er den Landbewohner.

„Nur Gutes, mein Freund", antwortete dieser, „du hattest recht, das Wasser schadet mir nicht."

Er genoß mit offenem Munde das farbenprächtige Schauspiel, das sich seinen Augen bot. Alle Arten von Fischen glitten an ihm vorbei. Zu seiner Rechten und Linken erhoben sich Korallengebirge, auf denen Meerespflanzen wuchsen.

Abdallah der Landbewohner kam nicht aus dem Staunen heraus.

Nachdem sie lange Zeit durch die Fluten geschwebt waren, legte sich mit einem Mal ein riesiger Schatten über den Meeresboden.

„Der Dandan", flüsterte der Meermann dem Fischer ins Ohr und packte angstvoll den Arm seines Freundes, „er ist auf der Suche nach mir und will mich fressen. Schnell, schrei ihn an, ehe er mich packt und auffrißt."

Da schrie Abdallah der Landbewohner den Dandan an, und das Ungetüm sank tot auf den Meeresgrund.

„Der Herr aller Welten sei gepriesen und gelobt", rief der Meermann, eilte herzu und schnitt die Leber des Riesenfisches heraus und nahm sie mit.

Sie zogen weiter und gelangten bald zu einer Stadt, deren seltsame Bewohner gerade das Nachtmahl verzehrten.

Menschenähnliche Gestalten mit Fischschwänzen kauerten um eine riesige Muschelschale herum und bissen so genußvoll in rohe Fische, Krebse und anderes Getier, als ob es sich um Gurken oder Früchte handelte.

Abdallah den Landbewohner schauderte es. „Wie können sie Fische verzehren, die weder gebraten noch gekocht sind?“ fragte er flüsternd seinen Freund.

Der lächelte verständnisvoll und stellte seinerseits eine Frage: „Wie sollten sie braten oder kochen, da sie weder Feuer noch Olivenöl kennen?“

„Warum starren mich alle so an?“ wollte Abdallah der Landbewohner weiter wissen.

„Sie haben noch nie einen Landbewohner gesehen“, erklärte ihm der Meermann, „aber wenn es dir peinlich ist, angestarrt zu werden, wollen wir weiterziehen.“

Sie verabschiedeten sich von den seltsamen Stadtbewohnern und schwebten weiter, bis sie zum Eingang einer Korallenhöhle gelangten. „Wir werden diese Höhle auf verschiedenen Wegen verlassen“, begann der Meermann, „du landwärts, während ich mich in die tiefsten Gewässer zurückziehen werde. Ein wichtiges Gesetz bei uns bestimmt, daß wir uns von Landbewohnern trennen müssen, die das Meerreich und seine Schönheiten kennengelernt haben. Es heißt bei uns, der Herr aller Welten habe das Gesetz durch einen Propheten erlassen, damit die Meeres- und Landbewohner nicht vom gegenseitigen Neid aufgezehrt würden. Ich habe nämlich angefangen, Gefallen zu finden an den herrlichen Früchten, die du mir jeden Tag bringst, und ich habe mich daran gewöhnt, die wärmende Sonne und das gleißende Tageslicht aufzusuchen. Auch du, mein Bruder, hast bei uns etwas gefunden, was es bei dir nicht gibt: die Ruhe, die Stille, die beruhigende Kühle der Fluten, die dich tragen, ohne daß du dich anstrengen mußt.

Der Herr aller Welten hat uns so geschaffen, daß wir uns immer aneinander erinnern werden. Ich werde die Früchte, die du mir heute morgen gebracht hast, nie verzehren. In ein Gefäß verschlossen, werden sie mich an unsere Freundschaft erinnern. Verlaß mich jetzt und schreite vorwärts! Bevor du das Festland betrittst, wirst du ein Netz voller Perlen und Edelsteine finden, Dinge, die mir wenig sagen, die dich aber an mich erinnern werden. – Leb wohl, mein Bruder“, sprach der Meermann, „ich weiß, daß du mich und meine stille Welt niemals vergessen wirst.“

Abdallah der Landbewohner spürte eine flüchtige Umarmung seines Freundes. Dann wandte er sich traurig dem Festland entgegen. Wie sein Freund, der Meermann, prophezeit hatte, fand er, kurz bevor er das Festland erreicht hatte, ein Netz vor, das mit den herrlichsten Juwelen, Chrysolithen, Smaragden, Rubinen und anderen Edelsteinen gefüllt war. Obwohl die Fluten ihm halfen, ließ es sich nur schwer von der Stelle bewegen. Abdallah der Landbewohner verließ das Meer, atmete wieder Luft und begann das Netz an Land zu ziehen. Abdallah zog und zog. Ihm war plötzlich kühl.

Ein Windstoß weckte ihn unsanft; er hielt seine Hände immer noch um das Netz verkrampft. Er schüttelte seinen schlaftrunkenen Kopf, um richtig wach zu werden. Schließlich erhob er sich, um das Nctz einzuholen.

Im Netz waren zwar weder Smaragde noch ein Wassermann, jedoch mehr Fische, als Abdallah der Landbewohner je an Land gezogen hatte. Als er sie auf dem Strand ausgebreitet und dem Herrn aller Welten für den reichen Fang gedankt hatte, fand er ganz zuunterst im Netz drei große Muscheln.

Hastig öffnete er sie. In jeder von ihnen glänzte eine riesige Perle. Adallah sank auf die Knie und weinte vor lauter Glück. Dann stand er auf, starrte aufs Meer, um irgendwo unter der Wasseroberfläche den Meermann oder die Stadt der Fischmenschen zu erspähen. Aber nichts zeigte sich.

Dennoch verzweifelte Abdallah der Landbewohner nicht. Glücklich schrie er ins windgekräuselte Wasser hinaus:

„Meermann, mein Bruder, ich danke dir. Ich danke dir von ganzem Herzen."

Dann lud er die Fische auf und eilte zu seinem Freund, dem Bäcker, dem er die schönste der drei Perlen schenkte. Der weigerte sich zuerst, das kostbare Geschenk anzunehmen.

Gemeinsam verkauften die Männer die Fische auf dem Markt.

Wenig später sahen Abdallahs Frau und Kinder einen ihnen wildfremden Bäcker am Herd ihres Hauses stehen, fremdländische Gewürze auf junges Gemüse streuen, Lammfleisch mit libanesischem Zedernwein beträufeln und ägyptische Datteln in sudanesischem Öl schmoren.

Seit damals sind alle Freunde geblieben bis an ihr Lebensende.

LENE MAYER-SKUMANZ
KÄTHE RECHEIS

Die Geschichte vom kleinen Pygmäen und seinem Freund, dem großen Balese

Im Urwald lebte einmal ein kleiner Pygmäe mit seiner Familie. Wie alle Pygmäen streiften sie den ganzen Tag durch den Wald. Sie baten den Herrn der Schöpfung um viele Tiere. Sie fingen die Tiere in Schlingen oder jagten sie mit Pfeil und Bogen. Sie pflückten Früchte von den Bäumen, gruben Wurzeln aus und stahlen den wilden Bienen den Honig. Für die Nacht bauten sie sich ein kleines Dach aus Zweigen und Laub, darunter schliefen sie. Am Morgen zog der kleine Pygmäe mit seiner Familie wieder weiter. Sie waren mit diesem Leben zufrieden, keiner von ihnen wollte es anders haben.

Der kleine Pygmäe hatte einen Freund im Balesedorf. Der große Balese wollte nicht den ganzen Tag durch den Urwald streifen. Er sah gern den Himmel über sich. Er wollte auch nicht jede Nacht woanders schlafen, das hielt er nicht aus. Er baute eine feste Hütte aus Lehm und deckte sie mit einem Dach aus Gras und Blättern. Er hackte den Boden auf und legte Felder an, auf denen er Kartoffeln und Maniok anbaute. Er bat den Herrn der Schöpfung um gutes Wetter. Der große Balese und seine Familie waren mit diesem Leben zufrieden, keiner von ihnen wollte es anders haben.

Eines Tages hatten der Balese und seine Familie alle Feldfrüchte aufgegessen, und die neuen Kartoffeln waren noch nicht nachgewachsen. Da ging der große Balese in den Wald zu seinem Freund, dem kleinen Pygmäen.

„Hallo, kleiner Pygmäe!“

„Willkommen, großer Balese! Wie geht's dir denn?“

„Ich will dir nichts vormachen. Ich habe großen Hunger, alle meine Kinder haben Hunger, es ist nicht die kleinste Kartoffel da!“

„Frau!“ rief der kleine Pygmäe. „Röste schnell ein paar Wurzeln für meinen Freund, brate ihm ein Stück Leber!“

Während der große Balese aß, flocht der kleine Pygmäe einen Korb und sagte: „Ruh dich aus und warte hier, ich hole deinen Kindern etwas zu essen!“

Der kleine Pygmäe ging fort und kam mit dem Korb voller Bananen zurück.

Der Balese kostete eine Banane und rief: „Köstlich! Zeig mir den Baum, der solche Früchte trägt!“

Der kleine Pygmäe führte seinen Freund zu einer Lichtung mitten im Urwald. Auf der Lichtung standen Bananenstauden. In Büscheln hingen die reifen Früchte daran. Aber der Balesemann pflückte keine der Bananen. Er nahm sein Messer und grub in die Erde und grub ein paar Wurzelstöcke aus.

„He, großer Balese, was treibst du da?“ rief der kleine Pygmäe. „Die Wurzeln kannst du nicht essen, nur die Früchte!“

„Ich nehme die Wurzeln, die sind das Wichtigste!“

Der Pygmäe schüttelte den Kopf, aber der Balese lachte. Er bedankte sich bei seinem kleinen Freund und ging zu seinen Feldern zurück. Die Bananen gab er seiner Frau und seinen Kindern, und sie wurden alle satt. Die Wurzelschößlinge aber pflanzte er in ein Feld. Es dauerte nicht lang, da wuchsen Stauden aus den Wurzeln, und bald erntete der Balese köstliche Bananen von jedem Strauch.

Eines Tages konnte der Pygmäe kein Tier für seine Familie fangen. Er lief zu den Bananenstauden auf der Lichtung, aber die Früchte waren alle verfault. Da ging der kleine Pygmäe zu seinem Freund.

„Hallo, großer Balese!“

„Willkommen, kleiner Pygmäe! Wie geht's dir denn?“

„Ich will dir nichts vormachen! Ich habe großen Hunger, alle meine Kinder haben Hunger, und es ist nicht einmal mehr ein Knochen zum Abnagen da!“

„Frau!“ rief der große Balese. „Röste Kartoffeln und Maniokwurzeln für meinen Freund. Gib ihm Ziegenmilch zu trinken!“ Dann nahm er einen Korb und sagte: „Komm, ich gebe dir Essen für deine Familie!“ Er führte den kleinen Pygmäen zu seiner Bananenpflanzung. „Aus den Wurzelstrünken sind neue Stauden gewachsen. Deshalb habe ich damals die Wurzeln mitgenommen!“

Der Pygmäe freute sich sehr, als er die vielen reifen Bananen sah. „Das hast du gut gemacht, das hast du wirklich gut gemacht, mein Freund. Von welchen Stauden darf ich mir Bananen nehmen?

Da trennte der große Balese einen Teil des Feldes für seinen Freund ab. „Wenn du Hunger hast, komm und ernte. Sie gehören dir!“

ALBIN ZOLLINGER

Sonne, Korn und Gold

Der liebe Herrgott ging eines heißen Sommersonntags über die Felder spazieren, sich zu freuen; da kroch der Teufel aus einem Loch und gesellte sich ihm zu. „Fein eine trügerische Welt ist deine Erde“, sprach der Schwarze, juckend, denn ein Tierlein hatte ihn in den Schwanz gezwickt. „Die blanke Sonne scheint wohl golden, allein sie ist es nicht: ich, wenn ich Meister wäre, richtete es anders ein, und die Menschen sollten wohl besser zufrieden sein mit mir.“

Sprach der Herr: „Mein lieber Freund, da hast du einen guten Gedanken. Wir wollen aber die Menschen fragen, welche Sonne sie begehren: meine lebendige oder die goldene von dir.“

„Wählen sie die meine, dann will ich der Herr der Welt sein“, sprach der Teufel, und der liebe Gott gestand es ihm ohne weiteres zu.

Sie gingen zu den Menschen und fragten, welche Sonne sie begehrten: die lebendige oder eine goldene. „Die goldene, die goldene!“ schrien sie allesamt, daß der liebe Gott erschrak und schnell hinwegging.

Der Teufel aber ließ unverweilt eine schöne große Sonne aus lötigem Gold aufgehen, die glänzte sehr, und jedermann wußte um ihren ewigen unschätzbaren Wert; da war der Teufel einmal gelobt. Aber siehe da, nun wurde es mählich so schattig und kalt überm Land, daß nacheinander die Gräslein, die Bäume, die Tiere und dann die ersten Menschen erfroren. Da liefen die dummen Kinder eiligst zum rechten Herrn; der ließ sein Licht wiederum in die Welt strahlen, so war alles gut.

Als er wieder einmal über die Felder ging, kroch auch der Teufel aus dem Loch und gesellte sich zu ihm. „Fein eine trügerische Welt ist deine Erde“, sprach er. „Das reife Korn scheint wohl golden, allein das ist es nicht; ich, wenn ich Meister wäre, richtete es anders ein, und die Menschen sollten wohl besser zufrieden sein mit mir.“

Sprach der Herr: „Mein lieber Freund, da hast du einen guten Gedanken. Wir wollen aber die Menschen fragen, welches Korn sie begehren: das schmackhafte von mir oder dein goldenes.“

„Wählen sie das meine, dann will ich der Herr der Welt sein“, sprach der Teufel, und der liebe Gott gestand es ihm ohne weiteres zu.

Sie gingen zu den Menschen und fragten, welches Korn sie begehrten: das schmackhafte oder goldenes. „Goldenes, goldenes!“ riefen sie allesamt. „Was haben wir von schmackhaftem Korn? Besitzen wir goldenes, so hilft es uns zu allem übrigen.

Da ließ der Teufel schweres dickes Korn aufgehen: wenn die Bauern eine Ähre zerrieben, fielen glänzende Körner von Gold auf den Erdgrund. Im Herbst besaßen sie steinharte Säcke voll Reichtum – Rüben und Kraut aber nicht; da kroch ihnen der Hunger in den Bauch; ihr Gold half ihnen nichts dagegen, alle besaßen sie Gold im Überfluß, wollten lieber Rüben nehmen und Kraut. Solches war aber nicht geschafft worden, da liefen sie zum rechten Herrn demütiglich und mager; der ließ wieder schmackhaftes Korn wachsen, so war alles gut.

Der Teufel darf sich nicht mehr zeigen; die Bauern jagen ihn mit Knüppeln und Besen.

BRÜDER GRIMM

Der Arme und der Reiche

Vor alten Zeiten, als der liebe Gott noch selber auf Erden unter den Menschen wandelte, trug es sich zu, daß er eines Abends müde war und ihn die Nacht überfiel, bevor er zu einer Herberge kommen konnte. Nun standen auf dem Weg vor ihm zwei Häuser einander gegenüber, das eine groß und schön, das andere klein und ärmlich anzusehen, und gehörte das große einem reichen, das kleine einem armen Manne. Da dachte unser Herrgott: Dem Reichen werde ich nicht beschwerlich fallen; bei ihm will ich übernachten. Der Reiche, als er an seine Türe klopfen hörte, machte das Fenster auf und fragte den Fremdling, was er suche? Der Herr antwortete: „Ich bitte um ein Nachtlager." Der Reiche guckte den Wandersmann vom Haupt bis zu den Füßen an, und weil der liebe Gott schlichte Kleider trug und nicht aussah wie einer, der viel Geld in der Tasche hat, schüttelte er mit dem Kopf und sprach: „Ich kann Euch nicht aufnehmen, meine Kammern liegen voll Kräuter und Samen, und sollte ich einen jeden beherbergen, der an meine Türe klopft, so könnte ich selber den Bettelstab in die Hand nehmen. Sucht Euch anderswo ein Auskommen." Schlug damit sein Fenster zu und ließ den lieben Gott stehen. Also kehrte ihm der liebe Gott den Rücken und ging hinüber zu dem kleinen Haus. Kaum hatte er angeklopft, so klinkte der Arme schon sein Türchen auf und bat den Wandersmann einzutreten. „Bleibt die Nacht über bei mir", sagte er, „es ist schon finster, und heute könnt Ihr doch nicht weiterkommen." Das gefiel dem lieben Gott, und er trat zu ihm ein. Die Frau des Armen reichte ihm die Hand, hieß ihn willkommen und sagte, er möchte sichs bequem machen und vorliebnehmen, sie hätten nicht viel, aber was es wäre, gäbe sie von Herzen gerne. Dann setzte sie Kartoffeln ans Feuer, und derweil sie kochten, melkte sie ihre Ziege, damit sie ein wenig Milch dazu hätten. Und als der Tisch gedeckt war, setzte sich der liebe Gott nieder und aß mit ihnen, und schmeckte ihm die schlechte Kost gut, denn es waren vergnügte Gesichter dabei. Nachdem sie gegessen hatten und Schlafenszeit war, rief die Frau heimlich ihren Mann und sprach: „Hör, lieber Mann, wir wollen uns heute Nacht eine Streu machen, damit der arme Wanderer sich in unser Bett legen und ausruhen kann: er ist den ganzen Tag über gegangen, da wird einer müde." „Von Herzen gern", antwortete er, „ich will's ihm anbieten", ging zu dem lieben Gott und bat ihn, wenn's ihm recht wäre, möchte er sich in ihr Bett legen und seine Glieder ordentlich ausruhen. Der liebe Gott wollte den beiden Alten ihr Lager nicht nehmen, aber sie ließen nicht ab, bis er es endlich tat und sich in ihr Bett legte: sich selber aber machten sie eine Streu auf die Erde. Am andern Morgen standen sie vor Tag schon auf und kochten dem Gast ein Frühstück, so gut sie es hatten. Als nun die Sonne durchs Fensterlein schien und der liebe Gott aufgestanden war, aß er wieder mit ihnen und wollte dann seines Weges ziehen. Als er in der Tür stand, kehrte er sich um und sprach: „Weil ihr so mitleidig und fromm seid, so wünscht euch dreierlei, das will ich euch erfüllen." Da sagte der Arme: „Was soll ich mir sonst wünschen als die ewige Seligkeit, und daß wir zwei, solang wir leben, gesund dabei bleiben und unser tägliches Brot haben; fürs dritte weiß ich mir nichts zu wünschen." Der liebe Gott sprach: „Willst du dir nicht ein neues Haus für das alte wünschen?" „O ja", sagte der Mann, „wenn ich das auch noch erhalten kann, so wär mir's wohl lieb." Da erfüllte der Herr ihre Wünsche, verwandelte ihr altes Haus in ein neues, gab ihnen nochmals seinen Segen und zog weiter.

Es war schon voller Tag, als der Reiche aufstand. Er legte sich ins Fenster und sah gegenüber ein neues reinliches Haus mit roten Ziegeln, wo sonst eine alte Hütte gestanden hatte. Da machte er große Augen, rief seine Frau herbei und sprach: „Sag mir, was ist geschehen? Gestern abend stand noch die alte elende Hütte, und heute steht da ein schönes neues Haus. Lauf hinüber und höre, wie das gekommen ist." Die Frau ging und fragte den Armen aus; er erzählte ihr: „Gestern abend kam ein Wanderer, der suchte Nachtherberge, und heute morgen beim Abschied hat er uns drei Wünsche gewährt, die ewige Seligkeit, Gesundheit in diesem Leben und das notdürftige tägliche Brot dazu und zuletzt noch statt unserer alten Hütte ein schönes neues Haus." Die Frau des Reichen lief eilig zurück und erzählte ihrem Manne, wie alles gekommen war. Der Mann sprach: „Ich möchte mich zerreißen und zerschlagen: hätte ich das nur gewußt! Der Fremde ist zuvor hier gewesen und hat bei uns übernachten wollen, ich habe ihn aber abgewiesen." „Eil dich", sprach die Frau, „und setze dich auf dein Pferd, so kannst du den Mann noch einholen, und dann mußt du dir auch drei Wünsche gewähren lassen."

Der Reiche befolgte den guten Rat, jagte mit seinem Pferd davon und holte den lieben Gott noch ein. Er redete fein und lieblich und bat, er möcht's nicht übelnehmen, daß er nicht gleich wäre eingelassen worden, er hätte den Schlüssel zur Haustüre gesucht, derweil wäre er weggegangen: wenn er des Weges zurückkäme, müßte er bei ihm einkehren. „Ja", sprach der liebe Gott, „wenn ich einmal zurückkomme, will ich es tun.“ Da fragte der Reiche, ob er nicht auch drei Wünsche tun dürfte wie sein Nachbar? Ja, sagte der liebe Gott, das dürfte er wohl, es wäre aber nicht gut für ihn, und er sollte sich lieber nichts wünschen. Der Reiche meinte, er wollte sich schon etwas aussuchen, das zu seinem Glück gereiche, wenn er nur wüßte, daß es erfüllt würde. Sprach der liebe Gott: „Reit heim, und drei Wünsche, die du tust, die sollen in Erfüllung gehen.“

Nun hatte der Reiche, was er verlangte, ritt heimwärts und fing an nachzusinnen, was er sich wünschen sollte. Wie er sich so bedachte und die Zügel fallen ließ, fing das Pferd an zu springen, so daß er immerfort in seinen Gedanken gestört wurde und sie gar nicht zusammenbringen konnte. Er klopfte ihm an den Hals und sagte: „Sei ruhig, Liese“, aber das Pferd machte aufs neue Männerchen. Da ward er zuletzt ärgerlich und rief ganz ungeduldig: „So wollt ich, daß du den Hals zerbrächst!“ Wie er das Wort ausgesprochen hatte, plump, fiel er auf die Erde und lag das Pferd tot und regte sich nicht mehr; damit war der erste Wunsch erfüllt. Weil er aber von Natur geizig war, wollte er das Sattelzeug nicht im Stich lassen, schnitt's ab, hing's auf seinen Rücken und mußte nun zu Fuß gehen. Du hast noch zwei Wünsche übrig, dachte er und tröstete sich damit. Wie er nun langsam durch den Sand dahinging und zu Mittag die Sonne heiß brannte, ward's ihm so warm und verdrießlich zumut: der Sattel drückte ihn auf den Rücken, auch war ihm noch immer nicht eingefallen, was er sich wünschen sollte. „Wenn ich mir auch alle Reiche und Schätze der Welt wünsche“, sprach er zu sich selbst, „so fällt mir hernach noch allerlei ein, dieses und jenes, das weiß ich im voraus: ich will's aber so einrichten, daß mir gar nichts mehr übrig zu wünschen bleibt.“ Dann seufzte er und sprach: „Ja, wenn ich der bayrische Bauer wäre, der auch drei Wünsche frei hatte, der wußte sich zu helfen, der wünschte sich zuerst recht viel Bier und zweitens so viel Bier, als er trinken könnte, und drittens noch ein Faß Bier dazu.“ Manchmal meinte er, jetzt hätte er es gefunden, aber hernach schien's ihm doch zu wenig. Da kam ihm so in die Gedanken, was jetzt seine Frau gut hätte, die säße daheim in einer kühlen Stube und ließe sichs wohl schmecken. Das ärgerte ihn ordentlich, und ohne daß er's wußte, sprach er so hin: „Ich wollte, die säße daheim auf dem Sattel und könnte nicht herunter, statt daß ich ihn da auf meinem Rücken schleppe.“ Und wie das letzte Wort aus seinem Munde kam, so war der Sattel von seinem Rücken verschwunden, und er merkte, daß sein zweiter Wunsch auch in Erfüllung gegangen war. Da ward ihm erst recht heiß; er fing an zu laufen und wollte sich daheim ganz einsam in seine Kammer hinsetzen und auf etwas Großes für den letzten Wunsch sinnen. Wie er aber ankommt und die Stubentür aufmacht, sitzt da seine Frau mittendrin auf dem Sattel und kann nicht herunter, jammert und schreit. Da sprach er: „Gib dich zufrieden, ich will dir alle Reichtümer der Welt herbeiwünschen, nur bleib da sitzen.“ Sie schalt ihn aber einen Schafskopf und sprach: „Was helfen mir alle Reichtümer der Welt, wenn ich auf dem Sattel sitze; du hast mich darauf gewünscht, du mußt mir auch wieder herunterhelfen.“ Er mochte wollen oder nicht, er mußte den dritten Wunsch tun, daß sie vom Sattel ledig wäre und heruntersteigen könnte; und der Wunsch ward alsbald erfüllt. Also hatte er nichts davon als Ärger, Mühe, Scheltworte und ein verlorenes Pferd: die Armen aber lebten vergnügt, still und fromm bis an ihr seliges Ende.

PETER HÄRTLING

Die Möhre

Das ist eine Geschichte, die wirklich passiert ist. Es ist eine Geschichte, von der man nicht sagen kann, sie sei schön oder besonders lehrreich. Die Geschichte ist eher traurig. Sie spielt nämlich im Krieg, genauer gesagt, am Ende des letzten Krieges. Ihr könnt nicht mehr viel vom Krieg wissen. Manchmal seht ihr im Fernsehen Bilder von kämpfenden Soldaten, auch von toten Soldaten, von flüchtenden Frauen und Kindern. So war es damals in Deutschland, und Kindern geht es im Krieg immer besonders schlecht, obwohl sie weniger Angst haben als Erwachsene. Denn Kinder können, wenn sie spielen, den Krieg vergessen. Der Junge, von dem ich euch erzähle, hieß Otto. Heute hat er selber Kinder und denkt manchmal daran, daß es gut ist, daß seine Kinder gar nicht wissen, wie Krieg ist. Aber diese Geschichte hat er ihnen auch erzählt, denn es ist seine Geschichte.

Otto war mit seinen Geschwistern und seiner Mutter auf der Flucht, er kam in einen kleinen Ort, wo sie lange suchen mußten, bis sie ein Zimmer fanden, in dem sie wohnen konnten. Da wohnten sie zu fünft fast ein Jahr. In dem Zimmer gab es keine Betten, so breiteten sie Decken auf dem Boden aus, legten sich darauf, und da sie oft sehr müde waren, schliefen sie gut.

In dem kleinen Ort wartete man auf die russischen Soldaten und hatte große Angst. Eine ganze Nacht lang hörte man

Gewehr- und Kanonenschüsse, dann war es mit einem Mal sehr still. Niemand traute sich auf die Straße, wenigstens niemand von den Erwachsenen. Die Kinder waren frecher, und ein paar liefen durch das ausgestorbene Städtchen. Unter ihnen war Otto. Sie stiegen auf stehengelassene Autos und Lastwagen, fanden Gewehre, faßten sie aber nicht an, weil sie fürchteten, sie könnten geladen sein. Sie entdeckten einen Panzer, den sie „eroberten" und in dem sie sich einnisteten.

Als es Mittag war, hörten sie Lärm, Rufe, das Kettengeklirr von rollenden Panzern, und sie sahen, wie die russischen Soldaten die Dorfstraße herunterkamen, allen voran ein Pferdewagen, auf dem ein Soldat stand, der die kleinen Pferdchen mit Peitschenknallen antrieb. Otto bewunderte den Soldat, der auf dem holpernden, schwingenden Wagen wie ein Tänzer aussah. Die Kinder kletterten aus dem Panzer heraus. Sie hatten Angst, aber die Soldaten winkten ihnen zu, aus einem Lastwagen warf einer ein weißes Brot herunter, dann noch eines, noch eines, und so konnten die Kinder Brot mit nach Hause bringen. Ottos Mutter schimpfte schrecklich, als er mit dem Brot nach Hause kam. Sie hatte ihm nicht erlaubt, auf die Straße zu gehen, aber am Ende waren alle froh, daß er das Brot mitgebracht hatte.

Vom Brot, genauer gesagt, vom Brot, das die Leute nicht hatten, will ich eigentlich erzählen, vom Hunger. Ihr könnt gar nicht wissen, was Hunger ist, wie Hunger ist. Obwohl es auf der Erde noch viele Leute gibt, die immer Hunger haben. Der Hunger fängt ganz langsam an, macht den Bauch hohl und schwer. Man hat das Gefühl, man sei satt, sehr satt, aber nur eine Weile, dann beginnt der Hunger wehzutun. Es sind Schmerzen, die überall stecken, in den Beinen wie im Kopf, vor allem im Kopf, denn man weiß – hat man eine Weile Hunger gehabt – nicht mehr, was man vor lauter Hunger tun soll. Hunger macht einen verrückt. Die Kinder beginnen vor

sich hinzuweinen, die Mütter sind hilflos. Als Otto einmal zwei Tage lang Hunger gehabt hatte, gab ihm seine Mutter einen Schnürsenkel, auf dem er kauen konnte. Das half zwar nicht gegen den Hunger, aber Otto dachte sich aus, was der Schnürsenkel alles sein könnte: ein Stück Fleisch, Brot, Nudeln, was ihm eben einfiel.

In dem Dorf gab es Leute, die nicht hungerten, weil sie Gärten hatten, in denen Gemüse wuchs, oder weil sie Vorräte in ihren Kellern hatten. Bei denen bettelten die Kinder, aber sie bekamen selten etwas, denn für diese Leute waren es fremde Kinder, die von irgendwo hierher gekommen waren.

Der Besitzer des großen Hauses, in dem Otto wohnte, hatte einen solchen Garten. Das Haus stand auf einem Felsvorsprung, war hoch gebaut, und unterhalb des Felsens, in den ein Treppchen geschlagen war, lag an einem Bach, umgeben von einem hohen Stacheldrahtzaun, der Garten. In ihm wuchsen Radieschen, Kohlrabi, Spinat, Salat und eine große Menge Möhren.

An einem späten Abend, als die russischen Soldaten gerade im Hof des Hauses ein Fest feierten, sangen, tranken und tanzten, verließ Otto das Zimmer, schlich sich über den Hof zum Treppchen am Felsen, stieg langsam, immer wieder um sich blickend, ob niemand in der Nähe sei, in den Garten. Schon von oben roch er das frische Grün der Karotten. Der Hunger krampfte seinen Bauch zusammen. Er duckte sich, und als er im Garten unten war, legte er sich auf die Erde, zog sich mit den Armen langsam vor bis zu den Karotten. Eine riß er aus der Erde. Es ging leicht. Sie war groß und wunderschön rot. Die Spucke floß ihm im Mund zusammen. In dem Augenblick, als er sie putzen wollte, packte ihn eine Hand im Nacken, die andere Hand schlug mit furchtbarer Gewalt auf ihn ein. Es war der Hausbesitzer, der ihn anscheinend schon lange verfolgt hatte. Immer wieder schlug ihn der Mann. Am

Ende drückte er sein Gesicht in die Erde und schrie: Friß das! Otto merkte gar nicht, daß er weinte. Er stand auf. Alles tat ihm weh. Er stand vor dem Mann. Der Mann sagte: Gib die Möhre her! Otto hielt sie fest. Der Mann sagte noch einmal: Gib die Möhre her! Otto schüttelte den Kopf. Da riß ihm der Mann die Möhre aus der Hand und sagte: Ich möchte dich hier nicht noch einmal sehen.

An diesem Abend kam Otto spät und von Schmutz überzogen in das Zimmer zurück. Seine Mutter schimpfte ihn aus. Er sagte nicht, was geschehen war. Er fragte sich nur immerfort, warum ihm der Mann nicht wenigstens die eine Möhre gegeben hatte, denn der Mann mußte wissen, welchen Hunger er hatte. Das fragt er sich bis heute. Sicher war es Diebstahl. Sicher war es nicht richtig. Aber was hätte Otto tun sollen?

2.
Miteinander leben, miteinander feiern

ELEONORE BECK

Das Ostermahl

Jesus war mit seinen Freunden in Jerusalem. Als das Fest herankam, fragten die Jünger Jesus: „Wo sollen wir das Paschamahl für dich vorbereiten?" Jesus sagte: „Geht zu dem Mann, den ich euch nenne. Dem sagt ihr: Jesus läßt dir sagen: Meine Stunde ist gekommen. Bei dir will ich mit meinen Jüngern das Paschamahl halten." Die Jünger taten, was Jesus ihnen aufgetragen hatte. Der Mann gab ihnen einen Raum, und dort bereiteten sie alles für das Paschamahl vor.

Jesus hatte zu seinen Jügnern gesagt: „Meine Stunde ist gekommen." Die Jünger werden dies Wort wohl nicht gleich verstanden haben. Aber vergessen haben sie dies Wort auch nicht. Später haben sie es verstanden und auch gemerkt, daß Jesus wußte, was nun auf ihn zukommen würde.

Als es Abend wurde, waren die Jünger mit Jesus in dem Haus versammelt. Sie wollten die Befreiung aus Ägypten feiern. So, wie es die Juden an Pascha heute noch tun. Mit ungesäuertem Brot und Bitterkräutern.

Jesus sagte: „Ich habe mich sehr auf dieses Mahl gefreut. Denn es ist das letzte Mal, daß ich es essen kann, ehe das Königreich Gottes kommt."

Alle setzten sich zu Tisch. Und als sie zu essen begannen, sagte Jesus: „Einer von euch wird mich an meine Feinde ausliefern."

Du kannst dir denken, daß die Jünger sehr betroffen

waren. Einer nach dem anderen fragte: „Meinst du mich, Herr?“ Doch Jesus sagte noch einmal: „Einer, der mit mir jetzt aus derselben Schüssel ißt, wird mich ausliefern. Ich muß meinen Weg gehen, so wie es in der Heiligen Schrift vorhergesagt ist.“ Da fragte ihn Judas, der Mann, der Jesus verraten sollte: „Meinst du mich, Lehrer?“ Und Jesus sagte zu ihm: „Dich meine ich.“

Während sie aßen, nahm Jesus das Brot. Er dankte Gott dafür, brach es, reichte es seinen Jüngern und sprach: „Nehmet und esset alle davon: Das ist mein Leib, der für euch hingegeben wird.“

Nach dem Mahl nahm Jesus den Becher mit dem Wein. Er dankte Gott dafür, gab ihn seinen Jüngern und sprach: „Nehmet und trinket alle daraus: Das ist der Kelch des Neuen und ewigen Bundes, mein Blut, das für euch und alle vergossen wird zur Vergebung der Sünden. Tut dies zu meinem Gedächtnis.“

Dann sang Jesus mit seinen Freunden die Lieder Davids, die man in ganz Israel beim Paschamahl singt. Und vielleicht dachten die Jünger diesmal nicht nur an die Befreiung ihres Volkes aus der ägyptischen Knechtschaft, sondern an das neue Volk, zu dem alle Freunde Jesu gehören; alle, die sein Brot essen und seinen Wein trinken.

KURT HOCK

Yevgu

Der Yevgu ist ein Zigeuner. Er hat Augen wie Pech und schwarzblau schimmernde Locken. Er kommt wie der Sommer. Plötzlich steht er barfuß unter der Türe und lacht.

Am liebsten spielen wir mit der Eisenbahn. Ich pfeife und der Yevgu macht den Dampf.

Dann lassen wir die Leute aus- und einsteigen, spielen Fahrkartenknipser und Zugführer. Manchmal stöbern wir blinde Passagiere auf.

Die Lidwina sagt, daß wir spinnen, weil es doch keine Dampflokomotiven mehr gibt. Ich habe Mitleid mit der Lidwina.

Auch der Yevgu sagt: „Laß sie doch!" und läßt den Dampf durch seine weißen Zähne zischen.

Wir fahren ganz weit weg.

Am Nachmittag, als der Yevgu wieder weg war, habe ich gemerkt, daß mir zwei Waggons fehlen. Auf dem Weg zum Festplatz ging ich an der Hecke vorbei. Dahinter lag der Yevgu auf dem Bauch. Er lag mitten im Gras. Er spielte. Er reckte die nackten Füße hoch und kreuzte sie. Er ließ Dampf durch die Zähne ab.

„Schau mal", sagte er, „beinah ein Zusammenstoß, nur weil einer die Weichen zu spät gestellt hat." Er ließ die beiden Waggons ganz eng aneinander vorbei durchs Gras flitzen.

Ich setzte mich zu ihm auf den Boden, und wir spielten zusammen.

Plötzlich stand der Yevgu auf, nahm meine beiden Waggons und sagte: „Ich muß heim."

Er lachte mich an, strich seine wilden Locken aus der Stirne und sagte noch: „Morgen komm ich wieder."

Dann lief er weg. Ich konnte gar nichts mehr sagen. Den Yevgu habe ich nie mehr gesehen. Ich denke zuweilen an ihn, wenn ich an der Hecke vorbeigehe.

Ich kann auch nicht sagen, warum ich Zigeuner so gerne mag.

ERICH JOOSS

Das verlorene Schaf

Ruben, der Hirte, schloß für einen Moment die Augen. Obwohl es schon dem Abend zuging, blendete ihn die Sonne noch immer, so kräftig schien sie. Ihre Strahlen tauchten die Steppe, auf der noch die Tageshitze lastete, in einen rötlichen Schimmer. Benommen hielt sich Ruben an seinem Stab fest. Er hatte diesen Stab selbst geschnitzt. Das war vor vielen Jahren gewesen, bevor er zum ersten Mal mit den Schafen auszog.

Damals brachte ihm Amos, sein Vater, alles bei, was ein Hirte wissen muß. Er lehrte Ruben, die giftigen Kräuter von jenen zu unterscheiden, die den Schmerz linderten und kranken Tieren wieder zur Genesung verhalfen. Bald zeigte sich Ruben auch nicht mehr überrascht, wenn die Herde unruhig wurde oder die Hunde auf einmal zu knurren begannen. Dann nahm er seine Steinschleuder aus dem Gürtel. Wachsam behielt er die Schafe im Auge. Vielleicht war ein Wolf in der Nähe oder ein Bär, der auf Beute lauerte.

Ruben wollte ein guter Hirte werden. Er lernte geduldig die Namen der Sterne und lauschte seinem Vater, während dieser von den Farben des Himmels sprach und den seltsamen Formen der Wolken. Kündigte sich ein Unwetter an, das mit plötzlicher Gewalt lostobte, oder blieb es trocken und heiß? Ruben prägte sich auch die Wasserstellen ein, die vom Wind verkrüppelten Bäume, die ferne Schattenlinie der

Berge. So konnte er stets sagen, wo er sich befand, und lief nicht im Kreis herum.

Am wichtigsten aber waren die Schafe. Sie hörten auf die Stimme von Ruben und folgten seinen Befehlen, denn sie hatten Vertrauen zu ihm. Als Amos das merkte, ließ er den Sohn zum ersten Mal allein mit der Herde fortziehen.

Seitdem brach Ruben in jedem Frühjahr auf und führte die Schafe, die seinem Vater gehörten, durch die Steppe. Erst im Herbst, wenn die Tage kürzer wurden, kehrte er wieder heim. Er wachte über die Herde und schützte sie vor Gefahren. Trotzdem geschah es immer wieder, daß ein Schaf in einem Wasserloch ertrank oder von Wölfen gerissen wurde. Dann war Ruben traurig und machte sich Vorwürfe.

Doch in diesem Jahr hatte er noch kein Tier verloren. Ruben streifte sich mit dem Ärmel den Schweiß von der Stirne. Er blickte besorgt zum Himmel, denn er wollte vor dem Einfall der Dunkelheit den Pferch erreichen. Auch die Schafe schienen das zu spüren. Sie drängten an ihm vorbei und stießen sich und setzten zu ungeschickten Sprüngen an. Ihr aufgeregtes Blöken wurde vom Bellen der Hunde begleitet.

Der Schafpferch lag bereits im Schatten, als sie bei ihm anlangten. Es war eigentlich nur ein Steinwall, den man im Kreis aufgeschichtet hatte und der den Tieren einen schmalen Einlaß bot. Ruben stellte sich neben diesen Einlaß. Er zählte die Schafe, die sich durch die Öffnung zwängten. Auch gab er acht, ob nicht eines von ihnen hinkte. Manchmal kam es vor, daß ein Tier in Dornen trat oder sich den Fuß an einem scharfkantigen Stein verletzte.

Gestern und an den Tagen davor waren es hundert Schafe gewesen. Ruben erschrak. Gerade rief er „neunundneunzig" und das letzte Schaf schlüpfte durch den Einlaß. Hatte er sich getäuscht? Er pfiff den Hunden. Sie mußten die Herde wieder ins Freie treiben, während er ein zweites Mal zählte. Seine

Blicke wanderten aufmerksam über die Rücken der Tiere. Aber es blieben neunundneunzig Schafe. Eines fehlte.

Ruben, der Hirte, stützte sich auf seinen Stab. Er hielt die Augen weit offen und dachte nach. Irgendwann an diesem Tag hatte er nicht aufgepaßt vielleicht in der Mittagsstunde, als die Hitze ihn schläfrig und verdrossen machte. Mit einer hastigen Bewegung fuhr er hoch. Plötzlich wußte Ruben, welches Tier er vermißte. Es war ein junges, noch verspieltes Schaf, das einen schwarzen Flecken auf der Stirne trug.

Er zögerte einen Moment. War es nicht aussichtslos, das Schaf in der Dunkelheit zu suchen? Ruben schüttelte den Kopf. Er wollte ein guter Hirte sein. Denn er fühlte sich verantwortlich für jedes einzelne Schaf, das ihm sein Vater anvertraut hatte.

Mit einem Blick stellte er fest, daß die Herde in den Pferch zurückgeströmt war. Eilends sammelte er trockenes Holz und schichtete es vor dem Eingang zum Steinwall auf. Dann zündete er den Stoß an. Knisternde Flammen schlugen gegen den Himmel. Das Feuer würde eine Zeitlang brennen und die wilden Tiere abhalten. Auf diese Weise waren die Schafe geschützt. Ruben vergewisserte sich, ob seine Steinschleuder noch im Gürtel steckte. Nachdem er den Hunden ein paar Befehle zugerufen hatte, wanderte er hinaus in die Steppe, die schwarz und still vor ihm lag.

Aber die Stille täuschte. Als Ruben genauer hinhörte, vernahm er ein Rascheln im Gras, ein Knistern und Trippeln wie von vielen kleinen Füßen. Manchmal funkelte ihn ein Augenpaar an, das gleich wieder verschwand. Ruben wußte, daß die Steppe voller Leben war. Trotzdem zuckte er zusammen, als ein Vogel mit weiten Schwingen an ihm vorbeistrich. Er fröstelte. Die Nacht hatte die Hitze des Tages aufgezehrt. Ein kalter Wind drang durch seine Felljacke.

Allmählich verlor Ruben das Gefühl für die Zeit. Wie

lange war er schon unterwegs? Zwei Stunden, drei Stunden oder mehr? Einmal stürzte er über einen Stein und riß sich die Knie und die Innenseite der Hände auf. Sein ganzer Körper schien zu brennen. Ruben merkte nun, wie die Müdigkeit und Erschöpfung von ihm Besitz ergriffen. Am liebsten wäre er wieder umgekehrt. Doch er dachte an das verlorene Schaf, das er finden mußte, bevor es von einem Raubtier aufgespürt wurde.

Es war gut, daß er die Sterne am Himmel sehen konnte. Ihr helles Licht nahm ihm die Furcht vor dem Unbekannten, das hier draußen auf ihn wartete. Plötzlich blieb er stehen. Er hörte ein dünnes, klägliches Blöken. Ganz aus der Nähe kam dieser Hilferuf. Ruben ging jetzt langsam und mit vielen Pausen, in denen er immer wieder horchte. Schließlich entdeckte er das Schaf: Es hatte sich in einem Dornbusch verfangen.

Der Hirte beugte sich hinunter zu dem Tier, das mit den Beinen wild um sich schlug. Beruhigend redete er ihm zu. Dann bog er die Dornen auseinander, bis das Schaf mit einem zaghaften Sprung freikam. Er nahm es in seine Arme und streichelte es. Die Kälte der Nacht war verflogen; auch das Geheul eines Wolfsrudels, das von den Bergen herüberhallte, konnte Ruben keine Angst mehr einjagen.

Sein Schaf lebte. Das Schaf mit dem schwarzen Flecken über den Augen. Es zitterte und mußte heftig atmen. Vorsichtig hob er es auf seine Schultern. Ruben spürte, wie der Herzschlag des Tieres allmählich ruhiger wurde. Eine große Freude erfüllte den Hirten. ‚Bald ist es Herbst‘, dachte er. ‚Wenn ich heimkomme, lade ich die Nachbarn zu einem Fest ein. Wir tanzen und singen, und ich werde ihnen sagen, daß ich mein Schaf, das verloren war, wiedergefunden habe.‘

KÄTHE RECHEIS

Die Zweigfrau

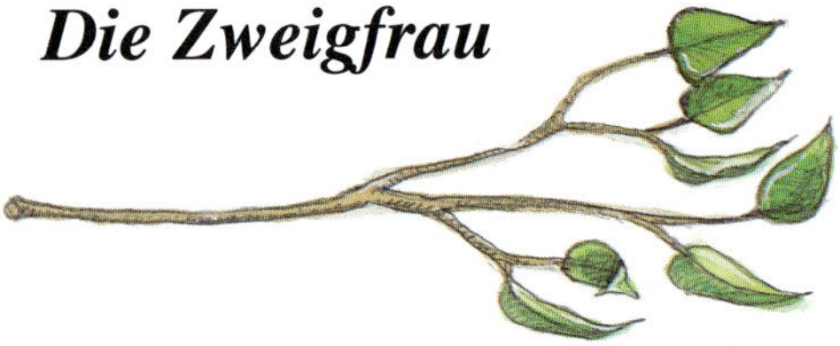

Einmal lebten ein Mann und eine Frau weit weg von allen anderen Menschen. Sie wußten auch voneinander nicht, denn der Mann lebte auf der einen Seite des Berges und die Frau auf der anderen Seite.

Der Mann hatte eine kleine Hütte gebaut, darin schlief er nachts, und tagsüber ging er auf die Jagd oder suchte Beeren und Wurzeln.

Die Frau hatte auch eine kleine Hütte gebaut, darin schlief sie nachts, und tagsüber fing sie kleine Tiere in Schlingen oder suchte Beeren und Wurzeln. Beide hatten immer genug zu essen, und sie hätten zufrieden sein können, aber sie waren es nicht. Sie wurden immer ruheloser und fanden nachts lange keinen Schlaf.

„Ich weiß, was mir fehlt“, sagte die Frau endlich zu sich. „Jeder Vogel hat einen Gefährten, jeder Vierbeiner hat einen Gefährten, nur ich habe keinen. Ich werde fortgehen und mir einen Gefährten suchen, damit ich nicht mehr allein bin.“

Die Frau verließ ihre Hütte und wanderte über den Berg. Als sie auf der anderen Seite hinunterstieg, sah sie die Hütte des Mannes. Vor der Hütte saß der Mann. Die Frau blieb hinter einem Beerenbusch stehen und hörte den Mann sagen: „Jeder Vogel hat eine Gefährtin, jeder Vierbeiner hat eine Gefährtin, nur ich habe keine. Ich werde mir eine Gefährtin suchen, damit ich nicht mehr allein bin.“

Der Mann stand auf, und die Frau hinter dem Beerenbusch dachte: Jetzt wird er den Berg hinaufsteigen, mich suchen und finden.

Aber das tat der Mann nicht. Er ging zu einem Baum und brach einen Zweig ab. „Zweig“, sagte er, „sei meine Gefährtin!“

Dann ging er, den Zweig in den Armen, in die Hütte. Die Frau trat hinter dem Beerenbusch hervor, schlich zur Hütte hin und horchte. Sie hörte den Mann mit dem Zweig reden, ganz so, als könnte der Zweig Antwort geben. Als es dunkel wurde, legte der Mann den Zweig neben sich aufs Lager und sagte: „Liebe Zweigfrau, nun ist es Zeit zum Schlafen. Morgen früh werde ich für dich auf die Jagd gehen, und du sollst mich erwarten, wenn ich heimkomme.“

Die Frau blieb die Nacht über hinter dem Beerenbusch. Am Morgen sah sie, wie der Mann mit Pfeil und Bogen aus der Hütte trat. Sobald er zwischen den Bäumen des Waldes verschwunden war, ging die Frau in die Hütte. Da war der Zweig, mit dem der Mann geredet hatte, und es war nur ein Zweig, wie man ihn von jedem Baum abbrechen kann. Neben dem Zweig standen Wasser und Essen bereit – ganz so, als könnte er trinken und essen.

Die Frau trank das Wasser, aß das Fleisch, schürte das Feuer, bettete das Lager auf, schüttelte die Felldecken und kehrte den Boden. Dann kochte sie eine Suppe, schlüpfte aus der Hütte und verbarg sich dahinter.

Als der Mann heimkam, hörte die Frau ihn voller Freude ausrufen: „Meine Zweigfrau hat das Wasser getrunken! Sie hat das Fleisch gegessen! Sie hat eine Suppe für mich gekocht! Liebe Zweigfrau, bist du lebendig geworden? Sprich mit mir!“

Der Zweig gab keine Antwort. Das konnte er ja auch nicht. Der Mann redete mit seiner Zweigfrau, als wäre sie wirklich lebendig, und er legte sie neben sich aufs Lager, als es dunkel wurde.

Am nächsten Tag geschah alles so wie am ersten: Der Mann ging auf die Jagd, die Frau ging in die Hütte, trank das Wasser, aß das Fleisch, schürte das Feuer, bettete das Lager auf, schüttelte die Felldecken, kochte Suppe und versteckte sich. Und abends, als der Mann heimkam, war er glücklich.

Am dritten Abend war er nicht mehr ganz so glücklich. „Du bist eine gute Zweigfrau", sagte er, „aber warum bleibst du immer stumm? Rede doch mit mir! Es ist schön, daß du für mich sorgst, aber auf die Dauer ist das nicht genug! Wenn du nie ein Wort sagst, werde ich mich so einsam fühlen wie früher."

Der Zweig blieb stumm, und diesmal sagte der Mann seiner Zweigfrau nicht gute Nacht wie an den Abenden zuvor, sondern legte sich wortlos neben sie aufs Lager.

Auch am nächsten Tag, dem vierten Tag, ging der Mann auf die Jagd und die Frau in die Hütte. Als sie das Feuer geschürt hatte, warf sie den Zweig hinein. Nachher schüttelte sie die Felldecken, räumte die Hütte auf und kochte Suppe. Dann versteckte sie sich in einem Winkel und wartete, bis der Mann heimkam.

Der Mann kam, fand seine Zweigfrau verkohlt im Feuer und fing zu klagen an: „Meine Zweigfrau ist ins Feuer gefallen und verbrannt!" rief er. „Jetzt habe ich wieder keine Gefährtin!"

Er setzte sich neben das Feuer und weinte.

Die Frau trat aus ihrem Versteck hervor, lachte und sagte: „Hier bin ich, deine Gefährtin! Ich war es, die alle diese Tage das Wasser trank und das Fleisch aß, das du bereitgelegt hast. Ich habe das Feuer geschürt, dein Lager aufgebettet. Ich habe deine Felldecken geschüttelt, ich habe den Boden gekehrt, ich habe Suppe für dich gekocht. Auch ich war allein wie du!

Ich habe gedacht, als ich oben am Berghang hinter dem Beerenbusch stand, du würdest mich suchen und finden. Aber du hast es nicht getan. Da bin ich zu dir gekommen!"

So hatte der Mann eine Gefährtin – eine bessere als die Zweigfrau, eine, mit der er reden konnte und die ihm Antwort gab. Und die Frau hatte einen Gefährten, einen, mit dem sie reden konnte und der ihr Antwort gab. Und beide waren nicht mehr allein.

HEINRICH A. MERTENS

Brot in deiner Hand

An der Jakobstraße in Paris liegt ein Bäckerladen; da kaufen viele hundert Menschen ihr Brot. Der Besitzer ist ein guter Bäcker. Aber nicht nur deshalb kaufen die Leute des Viertels dort gern ihr Brot. Noch mehr zieht sie der alte Bäcker an: der Vater des jungen Bäckers. Meistens ist nämlich der alte Bäcker im Laden und verkauft. Dieser alte Bäcker ist ein spaßiger Kerl. Manche sagen: Er hat einen Tick. Aber nur

manche; die meisten sagen: Er ist weise, er ist menschenfreundlich. Einige sagen sogar: Er ist ein Prophet. Aber als ihm das erzählt wurde, knurrte er vor sich hin: „Dummerei …“

Der alte Bäcker weiß, daß man Brot nicht nur zum Sattessen brauchen kann, und gerade das gefällt den Leuten. Manche erfahren das erst beim Bäcker an der Jakobstraße, zum Beispiel der Autobusfahrer Gerard, der einmal zufällig in den Brotladen an der Jakobstraße kam.

„Sie sehen bedrückt aus“, sagte der alte Bäcker zum Omnibusfahrer.

„Ich habe Angst um meine kleine Tochter“, antwortete der Busfahrer Gerard. „Sie ist gestern aus dem Fenster gefallen, vom zweiten Stock.“

„Wie alt?“ fragte der alte Bäcker.

„Vier Jahre“, antwortete Gerard.

Da nahm der alte Bäcker ein Stück vom Brot, das auf dem Ladentisch lag, brach zwei Bissen ab und gab das eine Stück dem Busfahrer Gerard. „Ich will an Sie und Ihre kleine Tochter denken.“

Der Busfahrer Gerard hatte so etwas noch nie erlebt, aber er verstand sofort, was der alte Bäcker meinte, als er ihm das Brot in die Hand gab. Und sie aßen beide ihr Brotstück und schwiegen und dachten an das Kind im Krankenhaus.

Zuerst war der Busfahrer Gerard mit dem alten Bäcker allein. Dann kam eine Frau herein. Sie hatte auf dem nahen Markt zwei Tüten Milch geholt und wollte nun eben noch Brot kaufen. Bevor sie ihren Wunsch sagen konnte, gab ihr der alte Bäcker ein kleines Stück Weißbrot in die Hand und sagte: „Kommen Sie, essen Sie mit uns: Die Tochter dieses Herrn liegt schwerverletzt im Krankenhaus – sie ist aus dem Fenster gestürzt. Vier Jahre ist das Kind. Der Vater soll wissen, daß wir ihn nicht allein lassen.“ Die Frau nahm das Brot und aß mit den beiden.

So war das oft in dem Brotladen, in dem der alte Bäcker die Kunden bediente. Aber es passierte auch anderes, über das sich die Leute noch mehr wunderten. Da gab es zum Beispiel einmal die Geschichte mit Gaston:

An einem frühen Morgen wurde die Ladentür aufgerissen und ein großer Kerl stürzte herein. Er lief vor jemandem fort; das sah man sofort. Und da kam ihm der offene Bäckerladen gerade recht. Er stürzte also herein, schlug die Tür hastig hinter sich zu und schob von innen den Riegel vor.

„Was tun Sie denn da?“ fragte der alte Bäcker. „Die Kunden wollen zu mir herein, um Brot zu kaufen. Machen Sie die Tür sofort wieder auf.“

Der junge Mann war ganz außer Atem. Und da erschien vor dem Laden auch schon ein Mann wie ein Schwergewichtsboxer, in der Hand eine Eisenstange. Als er im Laden den jungen Kerl sah, wollte er auch hinein. Aber die Tür war verriegelt.

„Er will mich erschlagen“, keuchte der junge Mann.

„Wer? Der?“ fragte der Bäcker.

„Mein Vater", schrie der Junge, und er zitterte am ganzen Leibe. „Er will mich erschlagen. Er ist jähzornig. Er ist auf neunzig!"

„Das laß mich nur machen", antwortete der alte Bäcker, ging zur Tür, schob den Riegel zurück und rief dem schweren Mann zu: „Guten Morgen, Gaston! Am frühen Morgen regst du dich schon auf? Das ist ungesund. So kannst du nicht lange leben. Komm herein, Gaston. Aber benimm dich. Laß den Jungen in Ruh! In meinem Laden wird kein Mensch umgebracht."

Der Mann mit der Eisenstange trat ein. Seinen Sohn schaute er gar nicht an. Und er war viel zu erregt, um dem Bäcker antworten zu können. Er wischte sich mit der Hand über die feuchte Stirn und schloß die Augen. Da hörte er den Bäcker sagen: „Komm, Gaston, iß ein Stück Brot; das beruhigt. Und iß es zusammen mit deinem Sohn; das versöhnt. Ich will auch ein Stück Brot essen, um euch bei der Versöhnung zu helfen." Dabei gab er jedem ein Stück Weißbrot. Und Gaston nahm das Brot, auch sein Sohn nahm das Brot. Und als sie davon aßen, sahen sie einander an, und der alte Bäcker lächelte beiden zu. Als sie das Brot gegessen hatten, sagte Gaston: „Komm, Junge, wir müssen an die Arbeit."

HELMUT JASCHKE

Die Ohrfeige

Du solltest dich da nicht einmischen", meinte der Vater zu Ulrich, der rot vor Wut hereingekommen war und erzählt hatte, was gerade geschehen war.

Der Nachbar hatte den Achmed weggejagt, der mit ihm und seinem Bruder auf der Straße vor dem Haus Ball gespielt hatte. „Was fällt dem ein, den Achmed wegzujagen, nur weil er ein Türkenjunge ist? Die Straße vor seinem Haus gehört doch nicht ihm? Da kann doch jeder spielen, oder?"

Es ärgerte ihn, daß er ihnen nicht nur den Ball weggenommen hatte, weil er auf sein lächerliches Stück Rasen gefallen war, sondern dem Achmed nachgeschrien hatte, er solle sich ja nicht mehr hier sehen lassen. Am meisten wurmte ihn aber, daß er das tatenlos mitangesehen hatte und seinem Zorn jetzt nur zu Hause Luft machte.

„So sind die Leute nun halt mal", versuchte die Mutter zu beruhigen. „Die wollen halt ihre Ruhe."

„Ruhe, Ruhe, den Kerl müßte man. . . !" Ach, das sagte er lieber nicht, was ihm da alles einfiel, was man mit solchen „alten Knackern" machen müßte, die nichts Besseres zu tun hatten, als Kinder zu ärgern. Und das alles wegen ein paar Gräsern, die vielleicht umgebogen werden könnten.

Aber Ulrich merkte schon: Von den Eltern konnte er hier wenig Hilfe erwarten. Die wollten verständlicherweise keinen Ärger mit dem Nachbarn haben. Und Manfred, sein Bruder, war noch zu klein. Der hatte sowieso Angst vor dem „rüstigen Rentner“, wie dieser sich selbst gern nannte, wenn ihn die Leute ansprachen, die ihn bei seiner Vorgartenpflege antrafen.

Ulrich ließ die Sache keine Ruhe. Dauernd mußte er daran denken, daß Achmed davongeschlichen war wie ein räudiger Hund.

Plötzlich stand sein Entschluß fest: Er würde Achmed morgen auffordern, nach dem Mittagessen zu ihm zu kommen. Und dieses Mal würde er nicht dulden, daß sein Freund einfach weggejagt würde.

Am nächsten Tag sagte er Achmed, daß er heute wieder mit ihm spielen wolle. Das Herz klopfte ihm dabei wie ein Hammer. Aber als er Achmed sah, konnte er einfach nicht anders. Er mußte zu seinem Entschluß von gestern stehen. Achmed willigte erst ein, als Ulrich ihn darum bat. „Ich bin dir das als meinem Freund schuldig“, sagte er.

Beim Mittagessen brachte Ulrich kaum einen Bissen runter. Er war schrecklich aufgeregt. „Vielleicht kommt Achmed doch nicht“, dachte er dazwischen. Oder ist der Nachbar vielleicht heute gar nicht zu Hause? Aber doch: Er hatte ihn ja vorhin erst wieder auf der Straße Papier aufsammeln sehen.

Ulrich hatte mit Achmed verabredet, daß sie sich in der Nähe bei einem Transformatorenhäuschen treffen und von dort zusammen an dieselbe Stelle begeben wollten, wo sie gestern gespielt hatten. Seinen Eltern hatte Ulrich lieber nichts gesagt. Die hätten ihn sicher nur abzuhalten versucht.

Ulrich war pünktlich und mußte eine Weile warten, bis Achmed langsam daherkam.

„Wo bleibst du?“ rief Ulrich ihm zu.

Achmed kam schneller heran und ließ den Kopf hängen. „Ich weiß nicht. – Ich glaube wir lassen das lieber – wegen dir!“

Einige Augenblicke lang zögerte Ulrich. Noch einmal war die Möglichkeit gegeben auszusteigen. Aber dann faßte er Achmed am Arm und zog ihn mit sich in Richtung Elternhaus.

Während sie vorsichtig den Ball hin und her schoben, blickten die beiden Jungen unablässig zur Haustür des Nachbarhauses. Jeden Moment mußte sie sich öffnen. Ulrich schlug das Herz bis zum Hals. Die Spannung war fast nicht zu ertragen. Da geschah es.

Der Nachbar kam heraus und stand mit wenigen Schritten vor Achmed.

Dieser schaute ängstlich und zweifelnd zu Ulrich hinüber, der ein paar Meter weiter weg stand.

„Hab' ich dir nicht gesagt, daß ich dich hier nicht mehr sehen will?" fauchte der Mann in sichtlicher Erregung.

Ulrich merkte, daß Achmed fortlaufen wollte und wie es ihm die Kehle zuschnürte. Aber mit einem Satz war er bei Achmed, legte seinen Arm um dessen Schulter und hörte sich sagen: „Achmed bleibt da, er ist mein Freund."

Und dann spürte er den Schlag einer breiten Hand auf seiner linken Backe und ein scheußliches Brennen. Bevor er richtig zur Besinnung kam, war die Tür schon wieder geschlossen. Ulrich fuhr sich wie beiläufig mit dem Rücken der rechten Hand über die Backe und hob den Ball auf. „Auf", sagte er, „wir spielen weiter."

WERNER HEIDUCZEK

Der kleine häßliche Vogel

Es war einmal ein kleiner Vogel. Er war häßlich. Noch häßlicher als schmutziger Schnee. Er saß allein auf einem Baum. Der war alt und hatte keine Blätter mehr. In den schönen grünen Baumkronen saßen die anderen Vögel. Und wenn der kleine Vogel zu ihnen wollte, da gab es großes Geschrei. Er war wirklich ein häßlicher Vogel. Selbst die Hunde liefen fort, wenn sie ihn sahen.

So saß er allein auf seinem Baum, und manchmal weinte er und sagte: „Ach, wäre ich doch ein schöner Vogel. Wenn man häßlich ist, ist das Leben häßlich. Und wenn man schön ist, ist das Leben schön. Ach, ich armer, häßlicher kleiner Vogel."

Aber er sagte es ganz leise. Denn niemand wollte ihn hören. Nur nachts, wenn die anderen Vögel schliefen, machte er den Schnabel auf und sang ganz leise, damit er die anderen in ihren Nestern nicht weckte. Und das klang so schön, daß die Gräser unter dem alten Baum sich im Schlaf hin und her wiegten und daß die Sterne die Wolken fortschoben und zu ihm hinabschauten. Der Mond aber jammerte und sagte: „Ach, was für ein Unglück. Warum bin ich gerade jetzt nur halb. Einen so schönen Vogel habe ich noch nie gehört." Und er blieb stehen und wollte gar nicht weiter über den Himmel gehen und sagte immerfort: „Was muß das für ein schöner Vogel sein, wenn der so schön singt. Nein, so ein schöner Vogel."

Es war ein alter Mond. Und deswegen sagte er immer dasselbe. Aber der kleine Vogel hörte es gern. Und weil soviel Freude in ihm war, sang er noch schöner. Die beiden verstanden sich ganz gut. Der Mond und der Vogel. Ich glaube, sie liebten sich. Wenn der Mond fortging, wurde der kleine Vogel ganz stumm. So eine Sehnsucht hatte er.

So kam es, daß die Sonne den kleinen Vogel nie hören konnte. Und sie hätte ihn so gern gehört. Denn wenn der Mond ihr für kurze Zeit begegnete, erzählte er, was für einen schönen Vogel er doch gehört hatte. Er erzählte jeden Tag dasselbe. Er war wirklich ein alter Mond.

Die Sonne aber wurde von Tag zu Tag trauriger. „Ach, wäre ich doch keine Sonne", sagte sie. „Ein Mond hat es viel besser." Und wenn sie sich für den Tag schön machte, sah sie in den Spiegel und sagte: „Was nützt mir all die Schönheit, wenn ich das Lied nicht hören kann. Ich werde sterben und habe den kleinen Vogel nicht gehört."

Und weil die Sonne traurig war, war auch der Tag traurig. Er wickelte sich in nassen Nebel und nieselte vor sich hin. Und weil der Tag traurig war, waren auch die Bäume traurig und die Häuser und die Vögel und die Drähte und die Antennen. Es war überhaupt eine traurige Welt.

So konnte es nicht weitergehen.

„Flieg durch die Wolken", sagten die Vögel zum Habicht, „und frage die Sonne, was los ist. Schließlich ist Sommer. Und wenn Sommer ist, ist Sommer. Und da hat sie sich daran zu halten. Wie sollen unsere Jungen fliegen lernen, wenn sie solche verrückten Sachen macht. Nein, so was. Was die sich nur denkt?"

Und der Habicht flog durch die Wolken und fragte die Sonne: „Was ist mit dir los? Schließlich ist Sommer. Und wenn Sommer ist, ist Sommer. Wie sollen unsere Jungen fliegen lernen, wenn du solche verrückten Sachen machst?"

„Ach“, sagte die Sonne. „Ich habe ein krankes Herz und werde sterben.“

„Ja, ja“, sagte der Habicht und machte ein trauriges Gesicht. Denn er war ein kluger Habicht und dachte, wenn die Sonne jammert, muß ich mitjammern, das schmeichelt ihr, denn sie ist eine schöne Sonne.

„Wenn ich sterbe, müßt ihr auch sterben“, sagte die Sonne.

„Ja, ja“, sagte der Habicht. Und sein Gesicht war noch trauriger.

Was für ein dummer Habicht, dachte die Sonne. Dem macht das Sterben nichts aus. „Aber ich will nicht sterben“, sagte sie.

„Ich auch nicht“, sagte der Habicht, „meine Jungen können noch nicht fliegen.“

„Was redest du dann so dummes Zeug“, sagte die Sonne.

Und der Habicht sagte: „Ja, ja. Was rede ich nur für dummes Zeug. Entschuldige, ich bin ein dummer Habicht. Lassen wir also das Sterben, und machen wir wieder unsere Arbeit. Mach du den Tag schön, und wir wollen unsere Jungen fliegen lehren.“

„Das kann ich nicht“, sagte die Sonne. „Mein Herz ist krank und meine Sehnsucht zu groß. Ich muß den kleinen Vogel singen hören. Dann kann ich wieder den Tag schön machen.“

„Wenn’s weiter nichts ist“, sagte der Habicht.

„Ach, wie willst du es wohl besorgen?“ sagte die Sonne. „Du kannst ja selbst nicht einmal singen. Alle Mäuse laufen in ihre Löcher, wenn sie dich schreien hören. Wie willst du das wohl besorgen?“

„Laß mich nur machen“, sagte der Habicht, „wenn die Erde sich einmal gedreht hat, hörst du den kleinen Vogel singen.“

Und er flog durch die Wolken zurück und rief alle Vögel, und sie machten eine Versammlung. Auch der kleine Vogel kam. Denn er dachte: Es muß wohl eine wichtige Versammlung sein, wenn sie von überallher kommen, vom Wald und vom Fluß, von den Bergen und vom Meer, vom Feld und vom Sumpfgras. Da darf ich nicht fehlen, bei einer so wichtigen Versammlung. Und er kam und sagte: „Guten Tag."

Aber keiner hörte ihn. Nur der Pfau spreizte seine Federn und schrie: „Was willst du denn hier, du häßliches Ding? Man wird ja, nein, man wird ja, ganz melancholisch wird man."

„Nun laßt ihn schon", sagte der Habicht, „schließlich ist er ja auch ein Vogel." Und da der Habicht zur Sonne geflogen war und Rat wußte, wie sie wieder zum Leuchten gebracht werden sollte, hörte man auf ihn. Und der kleine Vogel blieb da. Er setzte sich ganz nach hinten unter eine Distel und bedeckte mit den kurzen Flügeln seine Beine, denn er fror auf der kalten Erde.

Der Habicht aber fing an.

„Vögel", rief er, und es wurde ganz still. Man hörte, wie die Blätter aneinander rieben, so still war es. Das gefiel dem Habicht, und er rief gleich noch einmal: „Vögel!" Aber es konnte nicht mehr stiller werden. Den Blättern war es gleich, was er rief. „Die Sonne hat ein krankes Herz", rief der Habicht, „und ihre Sehnsucht ist zu groß. Sie kann erst dann den Tag wieder schön machen, wenn sie den kleinen Vogel hat singen hören."

„Welchen kleinen Vogel?" fragte die Lerche. „Es gibt so viele kleine Vögel."

„Ich weiß es auch nicht", antwortete der Habicht. „Wir müssen eben jeden singen lassen."

Und alle kleinen Vögel mußten vortreten und ihr Lied singen. Die Meise sang und der Fink und das Rotkehlchen und der Zaunkönig. Selbst der Spatz mußte vortreten. Aber all diese Lieder kannte die Sonne schon. Ihre Sehnsucht blieb und so auch ihre Traurigkeit. Und der Tag nieselte weiter vor sich hin. Es war wirklich ein trauriger Tag. Nichts wollte helfen. Und die Vögel fingen an, den Habicht zu beschimpfen, weil sie glaubten, er hätte sie betrogen. Ja, der Adler war so zornig, daß er zum Habicht hinflog, ihn packte und ihn töten wollte.

„Töte mich nicht", bat der Habicht. „Es ist alles so, wie ich es gesagt habe. Wenn du mich tötest, ist alles verloren."

Aber der Adler hörte nicht auf das, was der Habicht sagte. Er flog mit ihm auf einen hohen Felsen und wollte den Habicht in das Meer stürzen.

Der Habicht hatte große Angst. „Gib mir die Stunde Zeit bis zum Abend", bat er. „Wenn ich bis dann den kleinen Vogel nicht gefunden habe, magst du mich töten."

„Gut", sagte der Adler. „Ich gebe dir eine Stunde. Hast du bis dahin den Vogel nicht gefunden, stürze ich dich ins Meer." Und er brachte den Habicht wieder zurück zu den anderen Vögeln.

Der Habicht setzte sich auf einen Stein und dachte nach. Aber so sehr er auch nachdachte, es fiel ihm nichts ein. Seine scharfen Augen gingen noch einmal über alle Vögel hin. Alle hatten sie gesungen, und doch war die Sonne fortgeblieben. Er sah auch den häßlichen kleinen Vogel unter der Distel. Der hatte nicht gesungen. Der kann mir auch nicht helfen, dachte der Habicht, ein Spatz singt schöner als der. Es blieb nur noch wenig Zeit. Der Habicht ließ seine Flügel fallen, senkte den Kopf und wartete auf seinen Tod.

Der kleine Vogel sah, wie der Habicht dasaß, und es wollte ihm das Herz abdrücken. Der Schmerz des Habichts bereitete auch ihm Schmerz. Er flog unter seiner Distel hervor und setzte sich zum Habicht auf den Stein. „Sei nicht traurig", sagte er.

„Wie soll ich nicht traurig sein", sagte der Habicht. „Ich habe den kleinen Vogel nicht gefunden, der die Sonne zum Leuchten bringt. Und in wenigen Minuten wird mich der Adler ins Meer stürzen."

„Wie kann ich dir helfen?" fragte der kleine Vogel.

„Es kann mir keiner mehr helfen", anwortete der Habicht. „Alle Vögel haben schon gesungen, und ich weiß keinen Ausweg mehr."

„Ich habe noch nicht gesungen", sagte der kleine Vogel.

„Ach du", sagte der Habicht. „Was willst du schon singen? Du bist so häßlich, wie kannst du da die Sonne zum Leuchten bringen?"

„Laß es mich versuchen", sagte der kleine Vogel.

Ich muß so und so sterben, dachte der Habicht. Also soll er singen.

Und der kleine Vogel saß auf dem Stein neben dem Habicht und sang. So schön sang er, daß sich die Wolken zerteilten und die Sonne auf die Welt schien. Das Gras hörte auf, sich zu wiegen, und die Blätter hörten auf, sich aneinander zu reiben.

Alle Vögel saßen da und hielten den Kopf zur Seite.

Der Habicht mußte weinen. So glücklich war er, und er schämte sich wohl auch. Noch glücklicher aber war der kleine, häßliche Vogel. Er war wirklich ein häßlicher Vogel.

LENE MAYER-SKUMANZ

Das Geschenk des Adlers

Vor langer Zeit lebte weit oben im Norden ein Eskimojäger mit seiner Frau und seinen Söhnen. Ihr Leben war hart. Um ihren Hunger zu stillen, mußten sie Tiere jagen.

Sie jagten den ganzen Tag. Sie schleppten die Beute in ihr Lager, aßen das Fleisch und nähten Kleider aus den Fellen.

Nach dem Essen saßen sie müde und stumm beieinander und fingen zu gähnen an.

Nur der jüngste Sohn fragte bisweilen: „Was könnten wir heute noch tun?"

„Wir könnten zu den Menschen gehen, die im nächsten Lager wohnen", sagte der Junge. „Wir könnten mit ihnen reden."

Aber der Vater schüttelte den Kopf. „Die Menschen dort schlafen jetzt auch."

Da legten sie sich nieder, drängten sich aneinander, zogen die Felldecke über sich und schliefen ein.

So vergingen die Tage, so vergingen die Abende, einer wie der andere.

Eines Tages ging der jüngste Sohn allein auf die Jagd. Er sah einen Adler über sich kreisen und spannte den Bogen. Der Adler kam immer näher. Endlich flog er herab und setzte sich vor den Jungen in den Schnee. Ganz ruhig saß er da und schaute den Jäger an.

Der Adler war noch jung. Aber er war groß und stark. Er hatte ein schönes Gefieder.

Dem jungen Jäger wurde sonderbar zumute, er ließ seinen Bogen sinken.

„Flieg fort“, sagte er zu dem Adler. „Du bist so schön. Ich will dich nicht töten.“

„Kleiner Jäger“, sagte der Adler. „Komm mit mir in unser Lager. Ich habe ein Geschenk für dich. Ich will dir die Gabe des Festes geben.“

„Fest – was ist das?“ fragte der Junge.

„Ein Fest macht das Herz froh“, sagte der Adler. „Freunde kommen zusammen und essen miteinander. Dann trommeln und singen und tanzen sie. Wer Feste feiert, ist nicht einsam.“

Da ging der Junge mit dem Adler, denn er wollte gern die Gabe erhalten, die die Einsamkeit vertreiben hilft.

Sie gingen einen hohen Berg hinauf. Auf der Spitze des Berges war das Lager der Adler.

„Mutter!“ rief der junge Adler schon von weitem. „Ich bringe einen Menschenjungen, der noch nie ein Fest gefeiert hat. Er kann weder trommeln noch singen noch tanzen.“

Der Junge fürchtete sich, denn die Adlermutter war gewaltig groß. Die ganze Menschenfamilie hätte unter ihren Flügeln schlafen können. Die Adlermutter öffnete ihre uralten Augen und sah den Jungen an.

„Baut ein Festhaus, Kinder!“ sagte sie.

Der Junge und der Adler bauten ein Festhaus.

„Macht euch Trommeln, Kinder!“ sagte die Adlermutter.

Der Adler zeigte dem Jungen, wie man Rentierhaut über einen Holzrahmen spannt, wie man Schlegel aus Knochen schnitzt und wie man mit den Schlegeln auf die gespannte Haut schlägt, daß sie zu dröhnen beginnt.

„Denkt euch ein Lied aus, Kinder!“ sagte die Adlermutter.

„Ein Lied?“ fragte der Junge.

„Nimm eine gute Erinnerung und finde Worte für sie“, sagte die Adlermutter.

Der Junge dachte nach.

Er schlug die Trommel und sagte:

„Einen Adler sah ich kreisen, hoch, hoch über mir.

Der Adler flog zu mir und sah mich an.

Da wurde mein Herz warm. Es sprang vor Freude.

Der Adler wurde mein Freund."

„Gut", sagte die Adlermutter. „Und jetzt horch in deine Worte hinein, es liegt eine Melodie in ihnen, die mußt du hören lernen."

Der Junge horchte und begann zu singen, erst leise, dann immer lauter.

„Tanzt dazu, Kinder!" rief die Adlermutter. „Menschenjunges, dein Herz ist vor Freude gesprungen. Laß deine Beine es deinem Herzen nachmachen."

Der Junge sprang und schlug die Trommel dazu, er lachte vor Glück und sang sein Lied.

„Jetzt kannst du alles", sagte die Adlermutter. „Aber du hast die Gabe des Festes nicht für dich allein bekommen. Du sollst sie mit allen Menschen teilen."

Der Junge versprach es. In seiner Jagdtasche hatte er noch ein kleines Stückchen Robbenspeck. Er nahm es und legte es vor die Adlermutter. Das war nur eine winzige Gabe, aber die Adlermutter freute sich.

„Er hat wirklich alles verstanden, was man wissen muß, um ein Fest zu feiern", sagte sie zu ihrem Sohn. „Trag ihn zurück in sein Land."

Der Junge legte seine Arme um den Hals des Adlers, und der Adler trug seinen Freund in die Ebene hinunter. Dort nahmen sie Abschied voneinander.

Der Junge lief nach Hause und erzählte den Eltern und Brüdern, was für eine köstliche Gabe er erhalten hatte.

Gemeinsam bereiteten sie ein Fest vor. Sie bauten ein Haus. Sie machten Trommeln. Sie dachten Lieder aus. Sie lachten und sprachen miteinander. Sie versuchen zu tanzen, und ihre Gedanken wurden fröhlich.

Bei allem, was sie taten, fragten sie sich, ob sie nicht ein Lied daraus machen könnten. Und so begannen sie, die Dinge rundherum auf eine neue Art zu sehen.

Sie luden die Menschen aus den nächsten Lagern ein, und von überall her kamen die Gäste zum Fest. Sie schmausten und sangen und tanzten und trommelten.

Und es kamen die Wölfe und die Eisbären, die Rotfüchse und die Silberfüchse, die Luchse und die Schneehühner. Sie alle feierten mit den Menschen das erste Fest.

GREGOR ALEXANDER HEUSSEN

Pavos Lösung

Selbst durch die Wollmütze, die sie sich tief über die Ohren gezogen hatte, drang der Wind. Carola rannte an gegen den Wind, lief weiter, so schnell sie konnte. Dann blieb sie außer Atem stehen. Ein Griff unter die Jacke; ja, da hing der Hausschlüssel noch. Aber sie wollte jetzt nicht nach Hause. Lieber ging sie weiter in der Kälte herum. Sie zog die Nase hoch. Da war noch immer dieser Geruch von Whisky, den sie nicht ausstehen konnte. Sie wurde ihn einfach nicht los.

Das würde sie nicht so schnell vergessen: Voll Freude wollte sie ihrem Vater erzählen, was sie heute in der Schule besprochen hatten. Doch als sie nach Hause kam, hatte der Vater schon so viel getrunken, daß er ihr nicht mehr zuhören konnte. Laut und stammelnd klagte er über die Arbeit, über die Langeweile am Wochenende und über so vieles, das sie nicht verstand. Nur dies spürte sie, daß es schrecklich für ihn sein mußte, so allein mit ihr zu leben.

Sie hatte schon einige Male solche Anfälle des Vaters erlebt und wußte, wie sie endeten. Eine Stunde später kippte der Vater dann auch mit einer fahrigen Handbewegung die Whiskyflasche um und fiel in einen großen Sessel, unfähig, wieder aufzustehen. Überall in der Wohnung roch es nach Alkohol. Da war sie hinausgerannt auf die Straße. Sie hielt diesen Geruch nicht mehr aus, diese Unordnung zu Hause, dieses Gestammel. Und sie konnte das nicht mehr sehen, wie der Vater so hilflos im Sessel lag.

Carola lief weiter. Sie wußte nicht, wohin. Nur laufen, dachte sie, das hält warm. Der scharfe Wind trieb ihr das Wasser in die Augen. Auch die Nase tropfte. Carola drückte sich hinter den Vorsprung einer Haustür. Sie kramte nach ihrem Taschentuch. Auf einmal spürte sie heiße Wut in sich aufsteigen: Wut auf den Vater, der schuld war, daß sie jetzt hier draußen in der Kälte herumlief; Wut darüber, daß sie ihm nichts von der Einladung erzählen konnte, die sie bekommen hatte. „Ein Fest soll es werden", hatte der Religionslehrer gesagt, „ein Fest für die Kinder und für die Eltern."

Ein richtiges Fest hatte Carola schon lange nicht mehr gefeiert. Das letzte Mal, als sie mit den Kindern zusammen gefeiert hatte, hatte die Mutter noch gelebt. Carola schneuzte sich kräftig. Doch das Wasser in den Augen blieb.

„Hallo, wer ist denn das?" hörte sie auf einmal eine warme Frauenstimme. Einkaufstüten sah sie dicht vor sich, einen dicken Mantel, rote Stiefel mit hohen Absätzen. „Es ist so kalt hier draußen. Willst du nicht einen Moment mit reinkommen?"

Und ehe Carola in ihrer Überraschung ein Wort herausbekam, spürte sie, wie sie von der Frau an der Schulter umfaßt und ins Haus geführt wurde. Erst als sie in der Diele der Wohnung stand, fand sie ihre Sprache wieder: „Ich muß nach Hause."

Es kam Carola vor, als habe sie das Gesicht der Frau schon einmal gesehen. Sie konnte sich aber nicht erinnern, wo das gewesen war. Die Frau ließ ihr auch keine Zeit, länger darüber nachzudenken. Sie legte ihren Mantel ab, ging in die Küche und setzte einen Topf Milch auf.

„Erst mußt du dich ein bißchen aufwärmen. Magst du lieber Kakao oder heiße Milch?" sagte sie.

Carola stand noch immer in der Diele. Es roch nach Kindern, nach abgelegten Stiefeln, Schultaschen und halbnassen Socken. Auf dem Boden lagen einige Bauklötze. Ein verlassener Kranwagen stand in der Ecke. Sie fühlte sich auf einmal gar nicht mehr so unbehaglich hier.

„Unsere drei sind zum Eislaufen“, sprach die Frau in der Küche weiter. „Zieh doch deine Jacke aus und komm dann herein zu mir.“

Carola stand in der Küchentür und beobachtete die Frau. Wo hatte sie dieses Gesicht nur schon gesehen? Plötzlich fiel es ihr ein: „Sie sind doch Frau Erdmann, die Mutter von der Sonja.“

Die Frau nickte. „Ist schon lange her, daß ihr zusammen in den Kindergarten gegangen seid.“

Dann drehte sie sich zum Herd um. Gerade noch rechtzeitig nahm sie den Topf mit der überkochenden Milch von der Platte.

„Kakao hätte ich lieber“, sagte Carola schnell, als Frau Erdmann schon zum Schrank ging, um ein Glas zu holen.

Carola fand es dann richtig gemütlich, mit der fremden Frau zusammen am Küchentisch zu sitzen, nach und nach den heißen Kakao zu schlürfen und zu spüren, wie seine Wärme langsam aus ihrem Bauch in ihr hochstieg.

„Das wird dir guttun“, sagte die Frau. „Du warst ja schon halb erfroren.“

Carola nickte. Das fand sie auch, daß dieser warme Kakao und dieser gemütliche Platz in der Küche jetzt ganz das Richtige für sie waren. Doch dann zuckte sie zusammen.

„Ist bei dir niemand zu Hause?“ hatte die Frau gefragt.

Carola sah einen Augenblick in ihre großen grauen Augen, die offen und freundlich auf sie gerichtet waren. Dann senkte Carola den Blick. Sie überlegte angestrengt, was sie sagen konnte, ohne vom Vater und vom Whisky zu reden. Und als sie noch überlegte, stand die Frau auf einmal auf, streichelte ihr kurz über den Kopf und ging in die Diele hinaus. Denn drei Kinder waren zur Wohnungstür hereingepoltert.

Sonjas Geschwister hießen Dirk und Martin. Dirk ging bereits aufs Gymnasium. Nach einer lässigen Begrüßung zog er sich in sein Zimmer zurück und verkroch sich dort hinter seinen Büchern. Sonja aber sah Carola zuerst lange an und fiel ihr dann überrascht um den Hals, als sie sie erkannte. Im Kindergarten hatten sie sich gar nicht so gut vertragen. Dann hatten sie sich aus den Augen verloren, weil Sonja auf eine andere Grundschule ging. Jetzt nahmen sich die beiden Mädchen einfach bei den Händen und zogen zusammen ab in Sonjas Kinderzimmer.

Der Nachmittag verging wie im Flug. Sie blätterten Sonjas Poesiealbum durch und kicherten über so altmodische Verse wie: „Üb immer Treu und Redlichkeit bis an dein stilles Grab." Sie holten Sonjas Spielsachen hervor, ihren Stabilbaukasten und dann vor allem den bunt bedruckten Karton mit diesen geheimnisvollen Gegenständen für Zauberkunststücke. Manchmal nervte der kleine Martin sie, der erst fünf Jahre alt war und mit diesen Dingen nicht so gut umgehen konnte. Aber dann schickten sie ihn zur Mutter in die Küche. Sonja wurde dabei etwas laut. Doch das wirkte immerhin. Von da an hatten sie Ruhe von ihm. Und schließlich entdeckten sie eine ganz neue Gemeinsamkeit: Auch Sonja hatte heute von der Pfarrgemeinde die Einladung zur Feier der Ersten Kommunion bekommen.

Als sie gegen Abend nach Hause ging, hatte Carola das Gefühl, neue Freunde gewonnen zu haben. Es war bereits dunkel. Die Lichter von Autoscheinwerfern huschten an ihr vorbei. Der Wind hatte nachgelassen. Carola ging fröhlich dahin.

Sie dachte an die Abschiedsworte von Frau Erdmann. Sie hatte nicht mehr gefragt, ob denn niemand bei ihr zu Hause sei. Sie hatte sie nur aufmerksam gemacht, daß es nun wohl Zeit für sie sei, nach Hause zu gehen. Und dann hatte sie gesagt: „Grüß deinen Vater von mir. Ich kann mich noch gut an ihn erinnern, als er dich immer in den Kindergarten gebracht hat nachdem, was passiert war mit deiner Mutter." Dabei war ihre Stimme ganz leise geworden. Und sie hatte noch hinzugefügt: „Sonja und du, ihr versteht euch doch so gut. Da wäre es doch schön, wenn sich auch die Eltern einmal näher kennenlernten.

Carolas Schritte wurden zaghafter, als sie die Treppe zur Wohnung hinaufging. Hatte der Vater sie schon vermißt? Ihr Herz klopfte, als sie die Wohnungstür aufsperrte.

Sie trat ins Wohnzimmer. Das Fenster stand offen. Kalte, frische Luft strömte in den Raum. Der Vater kniete auf dem Teppich und versuchte, mit einem schmutzigen Lappen und einer schäumenden Flüssigkeit einen großen Fleck herauszureiben. Seine Bewegungen waren noch immer sehr unsicher.

„Geht es dir besser?" fragte Carola.

Der Vater fuhr erschreckt herum. Er hatte sie offenbar nicht kommen gehört. „Da bist du ja", knurrte er. Dann rieb er wieder auf dem Teppich herum. „Verdammter Mist! So eine Sauerei", murmelte er und beachtete sie nicht weiter.

„Ich soll dich von Frau Erdmann grüßen", sagte Carola. Und als der Vater nicht antwortete, erklärte sie: „Das ist die Mutter von Sonja, die mit mir zusammen in den Kindergarten gegangen ist."

„Kenne ich nicht", sagte der Vater, ohne von diesem Fleck aufzusehen, den er jetzt mit fast wütenden Bewegungen bearbeitete.

Carola ging in die Küche und schlug ein paar Eier in eine große Schüssel. Eierpfannkuchen hatte sie schon öfter gemacht, wenn der Vater mal von der Arbeit nicht gleich nach Hause gekommen war.

„Ich mach uns was zu essen“, rief sie dem Vater vom Herd aus zu.

„Hab’ nicht viel Hunger. Aber mach nur“, antwortete er.

Als sie mit den Tellern ins Wohnzimmer kam, stand der Vater vom Boden auf und ging ins Badezimmer. Wie ein großer kranker Hund, dachte Carola. An solchen Tagen vermißte sie ihre Mutter besonders. Die Mutter war einkaufen gewesen, als ein Auto sie angefahren hatte. Sie war gleich ins Krankenhaus gekommen. Doch es hatte alles nichts geholfen, die Mutter war gestorben. Und seither war der Vater so eigenartig, so mürrisch und traurig. Nie brachte er Freunde mit nach Hause. Ganze Abende saß er wortlos vor dem Fernseher und trank dabei sein Bier. Einsam war er und müde, eben wie ein großer kranker Hund.

Carola stellte die Teller auf den Tisch, schloß die Fenster und wartete, bis der Vater aus dem Badezimmer kam. Schweigend aßen sie ihre Teller leer. Carola merkte, wie sich der Vater zusammennahm, um ihr nicht zu zeigen, wie elend er sich noch fühlte. Und sie spürte auch, daß er sich vor ihr schämte, so viel getrunken zu haben.

Dann stand der Vater auf und holte sich eine Tüte Milch aus dem Kühlschrank. Mit einem Zug trank er sie leer. „So, jetzt ist mir besser“, sagte er und drehte den Fernseher an.

Carola setzte sich neben ihn auf die Couch. Wenn jetzt ein spannender Film lief, würde er wieder den ganzen Abend nicht ansprechbar sein. Jetzt mußte sie es ihm endlich sagen, was sie in der Schule besprochen hatten.

„Papa“, begann sie, „ich bin zur Feier der Ersten Kommunion eingeladen. Es soll ein großes Fest werden, ein Fest für die Kinder und für die Eltern. Alle aus unserer Klasse machen mit.“

„Du gehst doch gar nicht in die Kirche“, antwortete der Vater geistesabwesend.

„Da ist der Brief.“ Sie gab ihm den Zettel, der in der Schule verteilt worden war.

Der Vater las, und sein Gesicht wurde hart. „Also, ich gehe nicht in die Kirche und du auch nicht. So eine Feier ist überflüssig.

„Papa“, schmeichelte sie und legte ihren Kopf an seine Schulter, „ich möchte doch so gern ein Fest haben wie die anderen Kinder auch. Und die Tanten und Onkel möchte ich einladen.“

Der Vater reagierte nicht. Er schaute auf den Bildschirm, wo gerade der Spielfilm des Abends angekündigt wurde. Ein Krimi.

„Auf dem Brief steht doch“, drängte Carola weiter, „daß die Eltern gemeinsam besprechen sollen, wie sie die Feier gestalten wollen. Gehst du zu der Elternversammlung?“ Da wurde der Vater wütend. „Damit du es ein für allemal weißt, bei uns wird es keine Feier geben! Und die Verwandten will ich auch nicht sehen.“

Er zerriß den Brief und warf die Fetzen auf den Tisch.

Als Carola an diesem Abend im Bett lag, drückte sie ganz fest ihren Pavo an sich. Pavo war ein Stoffaffe mit langen, schlenkernden Armen und Beinen. Die Mutter hatte ihn ihr einmal von einer Reise mitgebracht. Seither lag er jede Nacht bei ihr im Bett. Oft führte sie richtige Gespräche mit ihm.

„Kannst du dich noch erinnern, Pavo, wie wir mit Papa und Mama Geburtstag gefeiert haben oder Ostern?“

Sie setzte sich den Stoffaffen auf den Bauch und ließ ihn den Kopf nicken.

„Das war doch richtig lustig, damals, wenn wir gefeiert haben. Und auch der Papa hat dabei oft gelacht.“

Wieder nickte Pavo.

„Und was machen wir jetzt Tag für Tag?“

„Arbeiten, Schule, Putzen, Einkaufen, Küche“, schnarrte Pavo mit Carolas Stimme.

„Findest du das schön?“

Pavo schüttelte den Kopf.

„Wie schaffen wir es nur, daß der Papa wieder einmal so ein schönes Fest mit uns feiert? Hast du eine Idee?“

Darauf schlenkerte Pavo nur mit seinen Schultern und Armen. Es sah aus, als sei er ratlos. Ein bißchen sah es aber auch so aus, als wolle er sagen: „Vielleicht.“

Zwei Tage später saß Pavo mitten auf Frau Erdmanns Küchentisch. Carola hatte ihn zu Sonja mitgenommen, weil sie an diesem Nachmittag mit ihren Stofftieren und Puppen spielen wollten.

Es war Kakaopause. Sonja hatte einen Haufen Legosteine vor sich liegen und gruppierte einen Stein nach dem anderen um ihre Kakaotasse.

„Das ist die Tante Astrid“, sagte sie“ ,und neben ihr sitzt der Onkel Erwin.“ Dann nahm sie einen weiteren Stein auf und sah fragend ihre Mutter an: „Die Frau Markesi vom Büdchen gegenüber können wir doch auch einladen?“

„Aber Sonja“, lachte Frau Erdmann, „du kannst doch nicht alle Leute einladen, die du kennst!“

Dann wandte sie sich an Carola, die geistesabwesend in ihre Tasse starrte: „Und du, wen wirst du zu deinem Fest einladen?

„Ich hab’ nur Pavo“, sagte Carola und streichelte den Affen, der traurig seinen Kopf hängen ließ. „Ich darf kein Fest feiern. Der Papa erlaubt es nicht.“

„Dann bekommst du ja gar keine Geschenke“, sagte Sonja überrascht. „Ich wünsche mir …“

Frau Erdmann unterbrach ihre Tochter mit einer heftigen Handbewegung. „Die Geschenke sind nun wirklich nicht das Wichtigste bei der Feier der Ersten Kommunion. Hauptsache ist, daß alle, die da zusammenkommen, Freude haben, weil sie beisammen sein können."

Einen Augenblick war es sehr still in der Küche. Frau Erdmann sah nachdenklich auf Carola, die noch immer ihren Affen streichelte.

Da schaute Dirk zur Tür herein und verkündete: „Ich bin fertig mit meinen Aufgaben. Wenn ihr wollt, könnt ihr jetzt mitkommen zum Eislaufen."

Carola schüttelte den Kopf. „Ich habe keine Schlittschuhe."

„Macht nichts", sagte Dirk. „Kannst meine alten nehmen, die passen dir bestimmt."

Frau Erdmann war schon aufgestanden und räumte die Tassen ab.

„Geh nur mit", sagte sie freundlich zu Carola. „Und den Pavo kannst du so lange hierlassen. Ich habe mit ihm noch etwas zu besprechen.

An diesem Abend schlief Carola zum ersten Mal ohne Pavo. Es war spät geworden beim Eislaufen. Da war sie von der Sporthalle gleich nach Hause gegangen, um den Vater nicht zu lange warten zu lassen. In drei Tagen sollte sie wieder zu Sonja kommen. So lange konnte Pavo ja auch einmal bei ihr bleiben.

Bereits am übernächsten Tag fand Carola einen Brief von Frau Erdmann im Postkasten. Er war an den Vater adressiert, stellte sie erstaunt fest.

Es wurde bereits dunkel, als der Vater endlich nach Hause kam.

„’n Abend“, sagte er müde, und dann sah er den Brief auf dem Wohnzimmertisch liegen. Er holte eine Schere, schnitt umständlich das Kuvert auf, setzte sich und las. Dann sah er auf, zum ersten Mal seit langem glaubte Carola, so etwas wie ein Lächeln um seine Lippen spielen zu sehen. „Diese Frau Erdmann hat mir geschrieben.“

„Ja, ich hab’ den Pavo bei ihr gelassen“, sagte Carola schnell. „Ich wollte ihn ohnehin morgen holen.“

„Daß der Pavo zur Zeit ihr Gast ist, hat sie auch geschrieben.“ Der Vater sprach langsam und sehr leise. „Sie schreibt aber noch, daß du gemeinsam mit Sonja Erstkommunion feiern könntest.“

Carola war sprachlos vor Überraschung.

„Also, was meinst du? Ihr seid ja scheinbar sehr schnell gute Freunde geworden.“

Carola konnte immer noch nichts sagen. Genauso überrascht wie über die Einladung von Frau Erdmann war sie darüber, daß der Vater offensichtlich nichts dagegen hatte.

„Weißt du“, sprach er weiter, „wenn du mit Sonja zusammen die Kommunion feierst, dann brauche ich nicht in die Kirche zu gehen. Und du hast dann doch dein Fest und bist nicht allein. Ich kann das einfach nicht, in die Kirche gehen und dann noch mit irgendwelchen Menschen fröhlich feiern.“

Da sprang Carola ihrem Vater um den Hals.

„Heijuja“, schrie sie, raste in die Diele, warf sich die Jacke über und sauste zur Wohnungstür hinaus.

„He, wir wollen jetzt Abendbrot essen“, rief der Vater ihr nach.

Doch sie sprang schon die Treppe hinunter.

Carola klingelte Sturm. Als ihr geöffnet wurde, stürmte sie in die Diele und rief: „Es hat geklappt. Der Papa hat ja gesagt. Ich darf mit euch die Erstkommunion feiern!“

„Das ist aber eine schöne Nachricht“, sagte Frau Erdmann. Sie war gerade dabei, den Abendbrottisch zu decken. „Und es ist auch ein Grund, gleich etwas vorzufeiern. Du ißt doch mit uns?“

Carola überlegte: „Der Papa wartet daheim.“

„Dein Vater wird schon wissen, wo du hingelaufen bist. Da mach dir nur keine Sorgen“, meinte Herr Erdmann und führte sie an den Tisch.

Sie saßen noch keine zehn Minuten beim Essen, als es schellte. Frau Erdmann ging zur Tür.

„Meine Tochter ist mir vor dem Abendessen weggelaufen. Ich vermute, sie ist bei Ihnen“, hörte Carola ihren Vater sagen. Sie war auf einmal ganz aufmerksam. Der Vater war noch nie hier gewesen. Sie befürchtete, er würde sie gleich nach Hause mitnehmen.

„Ja, Carola ist hier. Aber kommen sie doch herein und essen Sie mit uns. Wir sitzen gerade beim Abendbrot.“

Der Vater sträubte sich, Carola konnte es hören. Sie hörte aber auch, wie sich Frau Erdmann weiter um ihn bemühte: „Sie sind uns wirklich willkommen.“

Da konnte der Vater nicht länger nein sagen. Zögernd trat er ins Wohnzimmer und schüttelte erst Herrn Erdmann, dann den Kindern die Hände. Endlich setzte er sich auf den Stuhl, den Frau Erdmann bereitstellte. „Ich will Ihnen aber keine Umstände machen“, sagte er immer wieder.

„Aber es ist uns doch eine Freude“, versicherte Herr Erdmann und holte eine Flasche Kognak aus dem Schrank. „Ein Schluck zur Begrüßung!“

„Papa, es ist beinahe jetzt schon ein Fest“, sagte Carola und stieß ihren Vater leicht in die Seite.

„Und es war Pavos Idee“, sagte Frau Erdmann.

Sie hatte den Affen aus dem Kinderzimmer geholt und setzte ihn jetzt mitten auf den Tisch.

RAFIK SCHAMI

Die Homsianer

Vor langer, langer Zeit hatten die Homsianer einen guten Ruf. Weltweit galten sie als besonders gescheit und schlau. Könige, Handwerker, Bauern und Händler holten sich bei den Homsianern Rat. Die Stadträte, gewitzt wie gute Händler nun mal sind, beschlossen, Geld für ihre Ratschläge zu verlangen. Eine Stelle im Rathaus nahm die Fragen entgegen, gab sie an die Gescheitesten der Stadt weiter, holte die Antworten ein und verlangte von den Ratsuchenden einen festen Preis. Für Gemüseanbau kostete der Rat zehn Goldstücke und für ein glückliches Leben gar hundert. Nur Kinder bekamen die Antwort auf alle ihre Fragen kostenlos.

Die Kunden standen Schlange, und das Geld, das eingenommen wurde, verwendete der Rat der Stadt für den Bau von Straßen, Schulen und öffentlichen Bädern. Homs erblühte zu einer Perle der Städte.

Jahr für Jahr stellten sich einige der gescheitesten Leute zur Wahl des Bürgermeisters. Die Homsianer versammelten sich auf dem größten Platz der Stadt und feierten den ganzen Tag. Sie sprachen miteinander über ihre Probleme, tranken und aßen. Gegen Abend stieg ein Kandidat nach dem anderen auf eine kleine Tribüne, aber nicht, um eine schöne Rede zu halten, sondern um den Männern und Frauen Antworten auf deren Fragen zu geben. Die Versammelten hörten sich aufmerksam die Antworten an. Spät in der Nacht trafen sie dann ihre Entscheidung. Die Homsianer feierten mit den Verlierern und wünschten dem Sieger Geduld; denn um kluge Bürger zu regieren, braucht man vor allem Geduld.

Eines Tages wollte ein Lehrer Bürgermeister werden. Er stieg auf die Bühne und beantwortete ruhig und weitsichtig alle Fragen. Er hatte eine gute Chance, sein Ziel zu erreichen, bis ein Kind ihm eine Frage stellte. Darüber geriet er in Zorn, denn er war Lehrer, und manche Lehrer lassen sich nicht gerne von ihren Schülern prüfen. Er weigerte sich also, die Frage des Kindes zu beantworten, was ihm die Homsianer sehr verübelten.

„Wenn er die Fragen unserer Kinder nicht beantworten will, wie kann er dann ihre Probleme verstehen?“ murmelten viele und entschieden sich für einen Metzger, der viel geduldiger war.

Voller Groll verließ der Lehrer die Stadt. Er entschloß sich, den König des Nachbarreiches aufzusuchen, der berühmt wegen seiner unstillbaren Gier auf die Ländereien der benachbarten Reiche war. Doch trotz seiner vielen Kriege gegen seine Rivalen war er nicht mächtiger geworden.

„Der Orontes, Majestät, das ist der Grund“, sagte der Lehrer vor dem König kniend. „Der Fluß ist verzaubert, und wer sein Wasser trinkt, wird klug und weise. Er ist der einzige Fluß weit und breit, der vom Süden in den Norden fließt.“

Der Lehrer traf mit seinen Worten eine alte Wunde des Königs, denn der Herrscher glaubte seit langer Zeit, daß seine Minister, Offiziere und Soldaten die dümmsten seien; wie sonst sollte er seine Mißerfolge erklären. Er wunderte sich insgeheim darüber, wie er selbst nur hatte übersehen können, daß der Orontes tatsächlich vom Süden in den Norden fließt.

Alle Flüsse der Gegend nehmen ihren Lauf vom Norden in den Süden. Der Euphrat und der Tigris sind die größten, aber auch viele kleinere Flüsse fließen, der Regel der Natur gehorchend, vom Norden nach Süden. Nur der Orontes trotzt diesem Gesetz.

„Wie konnte ich bloß übersehen", fragte sich der König, „daß der Orontes im Volksmund ‚der Rebell' heißt?" Wütend über seine eigene Dummheit schaute er den Lehrer an und überlegte, daß dieser kluge Verräter das Geheimnis auch an andere Könige verkaufen könnte.

Und so grausam, wie Könige nun mal sind, ließ er den Lehrer den Löwen zum Frühstück vorwerfen.

Danach blies der König seine riesige Armee zusammen und zog in den Krieg gegen die Stadt Homs. Er fürchtete insgeheim eine Niederlage, weil seine Generäle ihm davon abgeraten hatten, die Stadt der Gescheiten anzugreifen. Aber der König war entschlossen und gab den Befehl zum Abmarsch. Als er Homs erreichte, wunderte er sich, daß ihm keine Armee entgegentrat. Die Homsianer waren weise, sie brauchten keine Streitkräfte.

Der König zog durch das offene Haupttor in die Stadt ein und staunte über die Menschen, die die Straßen säumten. Sie lachten über die schwitzenden Soldaten, die trotz des Hochsommers ihre schweren, gepanzerten Uniformen trugen. Als die Homsianer erfuhren, was der König wollte, wälzten sie sich gar vor Lachen.

„Soll er doch den Fluß leersaufen, er wird nur dümmer!" riefen sie den erschöpften Männern des Königs zu. Der König ließ das Lager am Fluß aufschlagen und gab den Soldaten den strengen Befehl, nur noch Brot und das Wasser des verzauberten Flusses zu sich zu nehmen.

„Bei Wasser und Brot zu sitzen, ist ja schlimmer als im Gefängnis", riefen die Homsianer belustigt, und nach einem Tag wiederholten die Soldaten diesen Spruch.

„Euch steht das Wasser ja bis zum Hals", lachten die

Homsianer am dritten Tag, und die Soldaten verstanden es, denn sie fühlten sich mit ihren aufgeblähten Bäuchen bereits wie wandelnde Flaschen. Nach ein paar Tagen hatten viele Soldaten Durchfall und die Nase voll. Sie jagten ihren König zum Teufel und zogen blaß und entkräftet in ihre Heimat zurück.

Alsbald sprach sich das Geheimnis des rebellischen Flusses herum, und jeder König der benachbarten Reiche suchte sein Glück am Ufer des verzauberten Orontes. Die Homsianer fanden dies nach einiger Zeit aber nicht mehr lustig. Die Felder wurden zertrampelt, und das Wasser reichte nicht mehr, um die Felder zu bewässern.

So beschwerten sich die Homsianer bei ihrem Bürgermeister. Dieser berief sofort den Stadtrat zu einer wichtigen Sitzung ein und stellte eine knappe, seitdem bekannt gewordene Frage: „Was tun?“

Ein Chemiker schlug vor, Gift ins Wasser zu kippen, aber der Bürgermeister winkte ab.

Der Priester besann sich lange und rief plötzlich: „Die schönste Frau sollten wir dem Orontesgott opfern, damit er das Wasser umgekehrt fließen läßt.“

Der Bürgermeister zog die Augenbrauen zu einem vernichtenden Blick zusammen, und der Priester sank in seinem Stuhl zusammen.

Ein Bauunternehmer brachte den Vorschlag ein, hohe Mauern um Homs zu bauen.

Der Bürgermeister war mit seinem Stadtrat überhaupt nicht zufrieden.

„Wir verkaufen den anderen weise Ratschläge, aber wenn es um uns geht, kommt ihr mit so dummen Lösungen“, sagte er vorwurfsvoll.

Traurig ging er nach Hause. Er wollte weder essen noch trinken. Der Kummer der Bauern quälte ihn, denn er war ein guter Bürgermeister, dieser Metzger. Die Sorgen seiner Stadt nahm er sich so zu Herzen, daß er nicht schlafen konnte.

Als die Hähne krähten, hörte der Bürgermeister endlich auf, im Zimmer hin und her zu laufen. Er schloß die Tür leise auf, damit er seine schlafende Frau nicht weckte, und ging zum Flußufer.

In der Morgendämmerung lag das Heer noch im Schlaf. Einige Soldaten schoben Wache, da sie aber nichts zu befürchten hatten, setzten sie sich um ein kleines Feuer herum und lachten über einen Verrückten der Stadt Homs, der im Fluß stand und mit einem Eimer das Wasser gen Süden schüttete, als wollte er den Fluß mit dem Eimer zur Umkehr zwingen. Der Bürgermeister beobachtete lange den Verrückten. Plötzlich erhellte sich sein Gesicht. „Ich habe es!" rief er laut durch die Straßen und Gassen. Die Markthändler, die gerade ihre Kisten auf dem Rathausmarkt aufbauten, wunderten sich über ihren Bürgermeister, der immer wieder „Ich habe es!" rief und atemlos ins Rathaus rannte. Nach ein paar Minuten eilte der Hausmeister über den Platz und berichtete den Neugierigen hastig: „Eine wichtige Sitzung. Die Stadträte müssen kommen, der Bürgermeister hat die Lösung gefunden."

Verschlafen und mürrisch hörten die zwölf Abgeordneten der Stadtbezirke den Plan des glücklichen Vorsitzenden.

„Wir werden verrückt!" sprach dieser langsam und entschlossen.

Zuerst dachten die Räte, er wäre wirklich verrückt geworden, aber als der gescheite Bürgermeister seinen Plan erklärte, lachten sie laut und spendeten lebhaft Beifall.

Von Haus zu Haus und Straße zu Straße ergingen die Anweisungen. Und der Tag neigte sich noch nicht seinem Ende zu, als alle Homsianer Bescheid wußten.

Am nächsten Tag zog die ganze Stadt, die alten und die

jungen Homsianer, lärmend zum Fluß. Sie sangen und klatschten. Jeder von ihnen hielt einen Löffel in der Hand. Am Fluß angekommen, stürzten sie sich sogleich in das flache Wasser, schöpften es mit ihren Löffeln und schleuderten es gen Süden.

„Was machen die denn?" fragte der König erregt. Er traute seinen Augen nicht.

„Wir wollen den Fluß umleiten", antworteten die Homsianer im Chor.

„Mit den Löffeln? Sind die denn alle verrückt geworden?" staunte der König. Als er aber sah, daß viele seiner Soldaten sich zu den Homsianern gesellten, um ihnen mit ihren Löffeln zu helfen, ließ er schnellstens zum Abmarsch blasen.

Wenige Tage später reiste bereits der nächste König von weit her an, doch das, was er sah, erschreckte ihn so sehr, daß er nicht einmal sein Lager aufschlagen ließ. Unzählige Homsianer standen mitten im Fluß und schälten Zwiebeln und Kartoffeln. Sie legten die Schalen behutsam auf das Wasser, das sie davontrug. Dennoch schälten die Homsianer fleißig weiter.

„Was macht ihr denn?" fragte der König entsetzt.

„Wir bauen einen Damm!"

„Einen Damm aus Zwiebel- und Kartoffelschalen?"

„Na klar! Wenn die Schalen zu Früchten werden und die Früchte zu Zwiebel- und Kartoffelbäumen heranwachsen, bilden die breiten Stämme der Bäume einen Damm", rief der Bürgermeister und lachte.

„Nein, hier bleiben wir nicht! Reingelegt hat man uns, um uns verrückt zu machen!" rief der König zornig und gab den Befehl zum Rückzug.

Ein paar Monate hatten die Homsianer Ruhe, aber dann, es war an einem Dienstagabend, sahen sie in der Ferne Staubwolken. Alle wußten, daß wieder einmal ein König auf dem

Weg nach Homs war. Die berittene Armee würde schon am nächsten Vormittag die Stadt erreichen.

„Diesmal schlagen wir sie vor den Toren der Stadt!“ rief der Bürgermeister auf dem Rathausplatz.

In ihren festlichen Kleidern feierten die Homsianer am frühen Morgen des nächsten Tages auf der großen Wiese vor dem Haupttor der Stadt. Sie tranken, tanzten und waren ziemlich ausgelassen.

„Was ist denn hier los?“ fragte der König empört. „Seht ihr nicht, es ist Krieg!“

„Heute ist Sonntag, und wir führen am Sonntag keine Kriege, tut mir leid!“ lallte ein alter Homsianer.

„Es ist doch heute nicht Sonntag“, brüllte der Mathematiker des Königs. Er holte einen Taschenkalender heraus. „Hier steht es! Heute ist Mittwoch!“

„Ja, aber der Mittwoch ist in Homs Sonntag“, erwiderte der alte betrunkene Mann.

„Und was ist dann der Sonntag?“ belustigte sich der König.

„Ein Sonntag“, antwortete der alte Homsianer.

„Ist jeder Tag Sonntag in Homs?“ wollte der König wissen.

„Nein, das nicht“, anwortete der alte Mann ernst.

»Was ist denn der Montag?“

„Der Montag ist Mittwoch im Homs“, erklärte der Mann.

„Und der Dienstag?“ fragte der Mathematiker verwirrt.

„Ganz klar, nach dem Mittwoch kommt Freitag!“ sagte der alte Homsianer bestimmt.

„Das gibt es doch nicht! Und wie nennt ihr den Donnerstag?“

„Den Donnerstag gibt es in Homs nicht, dieser Tag ist leer.“

„Und der Samstag?“

„Der bleibt ganz klar ein Samstag.“

„Also noch mal“, sagte der König und kratzte sich am Kopf, „der Montag ist Mittwoch und der Dienstag Freitag, der Mittwoch ist Sonntag, dann kommt ein leerer Tag, dann folgt … ja, was ist denn der Freitag?“

„Freitag ist Dienstag, Eure Majestät!“ ergänzte der alte Mann leise.

„Ja, gewiß, Freitag ist Dienstag, und der Samstag ist Samstag, dann folgt der zweite Sonntag. Und was ist heute für ein Tag?“

„Der Mittwoch, Euer Ehren!“ Der Mathematiker rang verzweifelt die Hände.

„Das ist aber Sonntag, du Idiot!“ brüllte der König seinen Mathematiker an.

„Aber, Euer Majestät, der kommt erst nach Samstag“, widersprach der Mathematiker leise.

Die Soldaten kümmerte der Streit bereits nicht mehr. Sie hatten den Mittwoch zum Sonntag erklärt, ihre Waffen zu Boden geworfen und waren zu den Homsianern übergelaufen, um gemeinsam mit ihnen zu feiern. Als der König das merkte, machte er sofort kehrt.

Die Homsianer jedoch hatten von da an Ruhe und konnten wieder ihre Felder bestellen, denn es hatte sich schnell bei den Königen herumgesprochen, daß das Wasser des Flusses die Bewohner der Stadt verrückt gemacht hatte.

ERWIN MOSER

Der einsame Frosch

Es war einmal ein schöner, grüner Frosch. Er war im Schilfdickicht eines großen Weihers zur Welt gekommen, weit abseits aller anderen Frösche und Lebewesen, die den Weiher bewohnten. Er hatte noch nie in seinem Leben einen anderen Frosch gesehen und auch keins der anderen Tiere; denn er war nie aus dem Schilfwald herausgekommen. Der Frosch glaubte, daß die ganze Welt nur aus Schilf bestehe und daß er das einzige Lebewesen überhaupt sei. Er wußte es nicht besser. Aber an manchen Tagen befiel ihn ein ganz und gar unerklärliches Gefühl, eine Art Traurigkeit und tiefe Sehnsucht, und er verspürte einen geheimnisvollen, starken Drang, mit jemandem zu sprechen. Aber da war niemand, nur Schilf und Wasser und blitzende Sonnenstrahlen, hoch oben in den Wipfeln des Rohrs. An solchen Tagen sang der Frosch mit seiner spröden, traurigen Stimme, und das half ihm, seine schmerzende Sehnsucht zu dämmen.

Er war einsam, furchtbar einsam, und er wußte es nicht einmal. Eines Tages zog ein Gewitter über dem Weiher auf. Es war das erste Gewitter, das der Frosch erlebte. Der Himmel wurde immer finsterer, es blitzte, und der Donner war noch weit entfernt zu hören.

Der Frosch hörte den Donner, und er meinte, daß er die Stimme eines anderen Wesens sei.

Das Gewitter kam immer näher, und die Stimme des Donners wurde lauter.

Er ruft mich! dachte der einsame Frosch. Er kommt zu mir, er sucht mich und will mit mir reden! Und der Frosch geriet ganz aus dem Häuschen vor Freude.

Dann aber durchfuhr ihn ein erschreckender Gedanke: Was ist, wenn er mich nicht findet? Wie soll er mich sehen können, hier unten im Dickicht?

In diesem Moment erscholl ein ganz lauter, brüllender Donnerschlag, ganz nahe; denn das Gewitter war nun direkt über dem Weiher.

„Hier bin ich!" rief der Frosch zurück. „Hier unten! Ich höre dich, kannst du mich auch hören?"

Aber der Donner schwieg.

„Warte!" rief der Frosch. „Nicht fortgehen! Ich komme schon!"

Und er sprang auf die dünnen Schilfhalme und kletterte, so schnell er konnte, daran empor. Je höher er kam, desto dünner wurden die Schilfrohre, doch der Frosch raffte ein Büschel von ihnen zusammen und gelangte so bis ans äußerste Ende der Halme.

„Hier bin ich!" rief er in den wolkenverhangenen Himmel.

In diesem Augenblick zuckte ein greller Blitz zu Boden, und gleich darauf krachte so ein gewaltiger Donner, daß dem Frosch die Ohren sangen.

„Ich habe dich gesehen!" rief der Frosch glücklich. „Du bist schön, ganz hell und groß, aber du mußt nicht so brüllen, ich habe dich längst schon gehört! Siehst du mich? Ich bin hier! Nimm mich mit, ich möchte dein Freund sein!"

Plötzlich fuhr ein Sturm durch den Schilfwald, kam ohne Vorwarnung, heftig und gewaltsam, und riß den Frosch mit sich fort. Viele Meter weit wurde er durch die Luft getragen, über den Schilfwald hinaus, und erst über dem Weiher verlor

der Sturm etwas an Kraft, so daß der Frosch schließlich ins Wasser fiel.

Er schlug hart auf dem Wasser auf, verlor das Bewußtsein und sank auf den Grund.

Oben prasselte jetzt der Regen nieder, Blitz und Donner grollten und grollten weiterhin, und erst nach einer Stunde wurde es ruhiger.

Als der Regen ganz aufhörte und der Himmel im Osten sich aufzuhellen begann, kamen die Fische, die Unken und die anderen Frösche, die den Weiher bewohnten, aus ihren Schlammverstecken hervor.

Drei Unken fanden den einsamen Frosch, der noch immer bewußtlos auf dem Grund des Weihers lag.

„Schaut, ein Frosch!“ rief die eine. „Er scheint verletzt zu sein. Wahrscheinlich hat ihn das Unwetter überrascht. Hoffentlich hat ihn nicht der Blitz getroffen!“

„Nein, er lebt noch!“ rief eine andere Unke, die den Frosch kurz untersucht hatte.

„Bringt ihn rasch zu den Algennestern!“ sagte die dritte Unke.

„Ich verständige inzwischen die anderen Frösche!“

Die beiden Unken nahmen den Frosch in die Mitte und schwammen mit ihm zu einer nahen Bucht, wo die heilkräftigen Algen in dicken Polstern auf dem Wasser lagen. Sie betteten den Frosch in ein weiches Algennest, deckten ihn gut zu und warteten.

Als der Frosch nach einiger Zeit zu sich kam, sah er, um sein Algenbett versammelt, alle Frösche und Unken des Weihers.

„Na endlich!“ und „Gott sei Dank!“ riefen diese erleichtert.

Der einsame Frosch schaute mit kugelrunden Augen in die Runde. Er konnte es kaum glauben, was er da sah.

„Ihr seht ja aus wie ich!“ rief er schließlich.

„Aber jaaaa!“ riefen die Frösche und Unken und lachten. „Wir sind alle deine Freunde. Aber sag, was ist dir eigentlich passiert? Woher kommst du? Wir haben dich hier noch nie gesehen.

Da erzählte ihnen der Frosch seine Geschichte, und die Unken und Frösche des Weihers hörten ergriffen zu.

Von diesem Tag an war der Frosch aus dem Schilfwald nie mehr einsam. Er blieb im Weiher und wurde sehr alt.

LENE MAYER-SKUMANZ

Jakob geht in die Wüste

Der Religionslehrer erzählt den Kindern, warum die Propheten und warum Jesus so gern in die Wüste gegangen sind: „In der Wüste ist der Mensch allein. Er kann still werden und nachdenken. Er kann ausprobieren, ob er ohne die gewohnten Dinge auskommt – ohne gutes Essen und gemütliche Wohnung, ohne Unterhaltung und ohne Freunde. Nichts lenkt ihn ab, wenn er mit Gott sprechen will."

„Waren Sie schon in der Wüste?" fragt Jakob.

„Ja", sagt der Lehrer. „Von Jerusalem aus bin ich hinweggefahren. Ich war so gern dort, daß ich es kaum beschreiben kann."

Ich möchte auch in die Wüste, denkt Jakob. Schade, daß es in meiner Nähe keine Wüste gibt, keinen Platz zum Stillwerden und Nachdenken.

Oder gibt es ihn doch?

Nach dem Mittagessen ist es in Jakobs Zimmer nicht laut. Er hört nur leise die Ö3-Musik aus der Nachbarwohnung herüber und wie die Mutter in der Küche mit dem Geschirr klappert. Im Hof wirft ein Kind einen Ball immer wieder gegen die Mauer, von weitem brummt der Autobus. Zum Stillwerden ist es hier zu wenig still, aber vielleicht gelingt es Jakob, einfach wegzuhören, wenn er sich Mühe gibt.

Er fragt die Mutter, ob er einen kleinen Spaziergang machen darf.

Es ist nicht so leicht, in der Stadt ein Stück Wüste zu finden. Der Beserlpark könnte eine sein, aber daneben wird gerade die Straße aufgerissen und die Maschinen dröhnen so laut, daß man nicht einmal die Spatzen in den Sträuchern zetern hört.

Drei Häuserblöcke weiter, hinter der Schuhfabrik, liegt eine Schutthalde. Sie ist mit Stacheldraht eingezäunt, aber Jakob weiß eine Lücke, durch die man schlüpfen kann. Die Schutthalde ist eine wüste Landschaft aus alten Ofenröhren, Geröll, Gehäusen von Waschmaschinen und Autoteilen. Ein alter Mann stapft gebückt zwischen den Gerümpelhügeln. Er sammelt altes Metall. „Suchst was?" fragt der Mann und schaut Jakob an.

Jakob schlüpft auf die Straße zurück und geht und geht, bis er vor Kathis Haustor steht. Er steigt die Stiegen hinauf und läutet.

„Ich such einen Platz zum Nachdenken", sagt er zu Kathi.

Sie führt ihn ins Wohnzimmer, schiebt mit dem Fuß Bücher und Spielzeug beiseite und legt ihren gehäkelten Polster in den Winkel zwischen Kasten und Wand. „Da setz dich her", sagt sie. „Werd ich halt still sein, damit du nachdenken kannst."

Sie setzt sich an den Tisch, zu den Aufgaben. Sie redet kein Wort, sie schaut Jakob nicht einmal an. Es ist so still im Zimmer, daß er ihre Füllfeder über das Papier kratzen hört. Und das leise Geräusch, das entsteht, wenn Kathis weicher Hausschuh am Sesselbein wetzt. Denn ganz ruhig hat die Kathi noch nie sitzen können.

Jakob macht die Augen zu. Er hört sich atmen. Er staunt, wie langsam er atmet. Er spürt, wie sein Bauch sich beim Atmen hebt und senkt. Hebt und senkt. In seinen Ohren pocht das Blut, ganz leicht. Auch im Hals.

Es ist schön von der Kathi, daß sie ihn hiersein läßt. Aber

das sagt er nicht. Er sagt: „Es ist schön da. Fast wie in der Wüste."

„Du mußt auf die Schutthalde gehen, wenn du hierherum eine Wüste suchst", sagt Kathi.

„Dort war ich schon", sagt Jakob.

„Und?"

„Es war nichts", sagt Jakob.

„Du mußt über die ganze Schutthalde gehen, langsam und ruhig", sagt Kathi. „Nicht nur den Rand entlang."

Auf dem Heimweg schlüpft Jakob noch einmal durch die Lücke im Stacheldrahtzaun.

„Na, was brauchst denn?" fragt der alte Mann. „Was fürs Fahrrad? Vielleicht könnt' ich dir helfen."

„Ich geh nur so herum", sagt Jakob. Er steigt zwischen dem Gerümpel höher. Die Steine kollern unter seinen Schuhen, er rutscht, geht weiter. Der Wind pfeift. Irgendwo bellt ein Hund. Am Himmel kreisen Krähenschwärme. Jakob staunt. Er hätte nicht gedacht, daß es hier doch so still ist.

Nichts lenkt ihn ab.

Jesus, denkt er. Wie gefällt dir meine Wüste?

3.
Was wir hoffen

HANS HEINRICH STRUBE

Der Weg nach Emmaus

Jesus war begraben, und seine Jünger und Freunde hatten sich versteckt. Sie hatten Angst, daß man sie erkennen und einsperren oder vielleicht sogar töten könnte, wie man ihren Meister getötet hatte.

Wer noch ein Zuhause hatte, war dorthin geflohen, und wer keins hatte, war bei Freunden untergeschlüpft.

Einige von ihnen hatten sich sogar in einen Keller verkrochen und die dicke Hoftür fest verriegelt.

Nur nachts trauten sie sich mal hinaus, wenn es dunkel war und niemand sie erkennen konnte.

So ging es einige Tage und Nächte, bis es zwei von ihnen nicht mehr aushielten. In aller Frühe machten sie sich heimlich auf den Weg und wanderten fort. Fort aus Jerusalem, fort von ihren Freunden, aber auch fort von ihren Feinden, die an jeder Straßenecke stehen, sie erkennen und an die römischen Soldaten verraten konnten.

Sie wanderten den schmalen steinigen Weg, der zu dem kleinen Ort Emmaus führte, ungefähr eine Tagesreise von Jerusalem entfernt.

„Dort kennt uns niemand“, mögen sie gedacht haben, „dort können wir uns etwas freier bewegen, vielleicht eine Arbeit annehmen und neu anfangen.“

Lange wanderten sie nebeneinanderher, ohne ein Wort zu sagen. Es war, als könnten sie nicht mal richtig traurig sein, so leer und trostlos war es in ihnen.

Auf einem Hügel angekommen, setzten sie sich müde auf einen Stein und schauten noch einmal nach Jerusalem zurück.

„Und ich habe geglaubt", sagte endlich Kleopas, der eine der beiden, „ich habe geglaubt, es würde alles besser werden. Und was nun?

Dann schwiegen sie wieder lange.

„Wäre ich doch Fischer geblieben", sagte der andere nachdenklich, „dann ..."

Ja, was dann? Er wußte selbst nicht, was dann geworden wäre, aber auf jeden Fall säße er dann nicht hier auf diesem Stein mit einem Herzen, das so leer war, daß es nicht einmal mehr weinen konnte.

„Komm, laß uns weitergehen", sagte Kleopas und erhob sich langsam.

„Wenn ich nur wüßte, ob es stimmt", sagte der andere nach einer Weile.

„Was meinst du?" fragte Kleopas.

„Ob sie ihn aus dem Grab gestohlen haben. Die Frauen sagen, er sei nicht mehr da."

„Was macht es schon", sagte Kleopas, „er ist tot, und wir sind ihm umsonst nachgefolgt."

„Und das mit dem Engel? Glaubst du, daß sie wirklich einen Engel am Grabe gesehen haben?"

„Ich weiß es nicht. Ich weiß nur, daß ich alles umsonst verlassen habe: meine Familie, meine Freunde und alles, was ich mal besaß.

Und wieder gingen sie schweigend nebeneinanderher, jeder sah vor sich auf den Weg, als ginge er ganz für sich allein.

Während sie so gingen, gesellte sich ein Fremder zu ihnen.

„Was habt ihr da miteinander geredet?" fragte er sie. „Und warum seht ihr so unendlich traurig aus?"

„Bist du der einzige unter all den Fremden in Jerusalem", antwortete ihm Kleopas fast vorwurfsvoll, „der einzige, der nicht mitgekriegt hat, was in dieser Stadt in den letzten Tagen Schreckliches passiert ist? Das ganze Land ist voll davon, und du weißt nichts?"

„Was denn?" fragte der Fremde.

„Na, das von Jesus! Ein Gottesmann war er, ein Prophet, mächtiger als alle anderen. Ihn haben sie getötet. Unsere Obersten und Hohenpriester haben ihn in den Tod getrieben und gekreuzigt. Und wir dachten, er würde uns und unser Volk erlösen. Aber über all dem ist heute der dritte Tag, und du weißt nichts? Auch nichts von den Frauen, die am Grab waren? Einen Engel wollten sie gesehen haben, der gesagt hat, Jesus lebe, aber ihn haben sie nicht gefunden."

Kleopas war erregt. Er zitterte fast bei den letzten Worten. Zum ersten Mal nach der furchtbaren Kreuzigung hatte er seinem Herzen Luft gemacht. Nun war es wieder leer.

„Mußte nicht alles so kommen?" fragte der Fremde. „Mußte nicht Christus das alles leiden, um später viel herrlicher aufzuerstehen? Ihr kennt doch eure alten Schriften. Sie sind voll von Geschichten, in denen erzählt wird, wie Gott sein Volk, das oft fast untergegangen wäre, nie ganz hat sterben lassen, sondern immer wieder einen neuen Anfang mit ihm gemacht hat."

Und der Fremde erklärte den beiden ganz genau alles, was in den alten Schriften geschrieben stand. Sie hörten ihm wie gebannt zu, und es war nicht mehr ganz so leer in ihrem Herzen.

Wer war dieser Fremde, der ihnen so vieles zu sagen hatte und dessen Worte wie Trost in ihrer Trauer waren?

Inzwischen waren sie in Emmaus angekommen und hatten ein Haus gefunden, in dem sie über Nacht bleiben konnten. Der Fremde blieb zurück, als sie in die niedrige Tür traten, so, als wolle er weitergehen oder wieder dorthin zurück, von wo er gekommen war.

Das traf die beiden wie ein Schlag. Es war ihnen, als würden ihre Herzen wieder leer, als er sich von ihnen wenden wollte, als seien sie plötzlich wieder allein.

„Bleib doch bei uns", baten sie ihn, „denn es ist Abend geworden, und die Sonne ist schon untergegangen. Bitte, laß uns jetzt nicht allein!"

Der Fremde ging mit ihnen ins Haus und setzte sich zu ihnen. Und als sie das Brot auf den Tisch legten, um zu essen, da nahm er es in beide Hände, sprach ein Dankgebet, brach das Brot in drei Teile und gab jedem eins.

In diesem Augenblick war ihnen, als ob ihnen jemand die Augen neu öffnete. Sie erkannten, daß der Fremde Jesus selbst war. Sie konnten nichts sagen, kein Wort, obwohl ihr Herz so voller Freude war, wie sie es wohl nie zuvor erlebt hatten. In diesem Augenblick verschwand der Fremde – aber die Freude in ihren Herzen blieb.

Eine Weile saßen sie noch wie sprachlos da. Dann kam es wie ein Jubel aus Kleopas heraus.

„Hast du es nicht auch gespürt", rief er, „hast du es nicht auch gespürt, wie unser Herz brannte, als er mit uns redete? Die ganze Zeit? Schon auf dem Weg hierher fing es an!"

„Ich habe es gespürt!" rief der andere. „Nun weiß ich ganz genau, daß er lebt. Komm!"

Er sprang auf und packte Kleopas am Ärmel.

„Komm, laß uns sofort zurücklaufen nach Jerusalem! Das müssen alle wissen!"

„Er lebt! Er lebt!" riefen beide, stürzten aus dem Haus hinaus und konnten die Zeit kaum abwarten, bis sie es allen in Jerusalem und Betlehem und Nazaret und überall erzählen konnten.

MAX BOLLIGER

Der goldene Fisch

In einem schönen,
von Gott erschaffenen Garten,
lebten einmal
ein Mann und eine Frau.
Gott hatte ihnen
die Pflege der Pflanzen
und Bäume anvertraut,
die Sorge um die Fische,
die Vögel und die Landtiere.

Dafür schenkte der Garten
dem Mann und der Frau alles,
was sie zum Leben brauchten,
Nahrung und frisches Wasser,
den Tag und die Nacht,
den Lauf der Sonne,
den Wechsel des Mondes,
den Stand der Sterne,
die Jahreszeiten:
den Frühling, den Sommer,
den Herbst und den Winter.

Eines Tages entdeckten
der Mann und die Frau

in einem Fluß
einen Fisch. Er besaß goldene
Schuppen. Aber als sie ihn
fangen wollten, entwischte er
ihren Händen und schwamm
davon.

Der goldene Fisch ließ dem
Mann und der Frau keine
Ruhe mehr. Sie fingen ihn an
zu suchen, und ihre Wege
trennten sich.

Der Mann ging dem rechten, die
Frau dem linken Ufer entlang.
Beide hofften, dem andern mit dem
Fang zuvorzukommen.

Der Wunsch, den goldenen Fisch zu
besitzen, beherrschte alle ihre
Gedanken. So kam es, daß sie den
ihnen anvertrauten Garten mehr und
mehr vergaßen, die Pflege der Pflanzen
und Bäume, die Sorge um die Fische,
die Vögel und die Landtiere.

Die großen Pflanzen
zerstörten die kleinen,
und die starken Tiere
töteten die schwachen.

Von den vielerlei Arten
der Pflanzen und Bäume,

der Fische, der Vögel und
der Landtiere wurden
immer weniger.

Und eines Morgens, als der Mann
und die Frau aufwachten, war der
Garten verödet und der Fluß ohne
Wasser. Erschrocken machten sie
sich auf, um nach seiner Quelle zu
suchen.

Dort trafen sie sich nach vielen Tagen und Nächten. Die Quelle war ausgetrocknet, und auf ihrem Grund lag der goldene Fisch.

Er war tot.

Da schauten sich der Mann und die Frau in die Augen und weinten zum erstenmal. Sie wußten, daß sie den ihnen anvertrauten Garten für immer verloren hatten.

Auch Gott trauerte um seinen Garten. Aber als er sah, wie der Mann und die Frau niederknieten, um mit ihren Händen nach einer neuen Quelle zu graben, hatte er Erbarmen. Und weil er wußte, daß sie es allein nie schaffen würden, einen neuen Garten zu bauen, schenkte er ihnen Kinder und den Kindern dieser Kinder die Verantwortung.

ERWIN MOSER

Die fünf Holzwürmer

In einem Dachstuhlbalken lebten einmal fünf Holzwürmer. Ihr Leben bestand aus nagen, nagen und nochmals nagen. In der Zeit, in der sie nicht nagten, schliefen sie, und das war auch schon alles.

Schon die Eltern der fünf Holzwürmer hatten in diesem Balken ihr Nagewerk verrichtet, und ebenso ihre Großeltern und Urgroßeltern. Auch die Eltern der Urgroßeltern und deren Großeltern hatten schon an diesem Balken genagt. Kurzum, die ganzen Vorfahren der fünf Holzwürmer hatten nichts anderes gemacht, als Löcher in diesen Balken zu nagen, und sie hatten sich recht gut davon ernähren können.

Man kann sich aber vorstellen, daß das Leben dieser Holzwürmer nicht besonders aufregend war. Auch in geschmacklicher Hinsicht war nicht viel los – es war ja schließlich immer derselbe Balken, in dem sie nagten. Na gut, hier und da stieß einer der Holzwürmer auf eine vertrocknete Harzader, und dann gab es für kurze Zeit eine Abwechslung auf dem Speisezettel. Aber so etwas kam sehr selten vor.

Eines Tages, als die fünf Holzwürmer in einer Nagepause beisammensaßen, unterhielten sie sich darüber, wie die Welt wohl außerhalb des Balkens aussehe.

„Ich weiß sogar den Weg, der aus diesem Balken herausführt!“ sagte der älteste der fünf Holzwürmer. „Eine Ameise, die ich einmal in einem meiner Gänge getroffen habe, hat ihn mir genau beschrieben."

„Ach was", sagte ein anderer Holzwurm, „meiner Ansicht nach gibt es überhaupt keine andere Welt außer dieser. Das sind doch alles Phantastereien. Die Welt besteht nun mal aus Holz, das ist die Realität des Lebens, mein Lieber, ob es dir nun paßt oder nicht!"

Ein anderer Holzwurm sagte: „Nun, möglicherweise gibt es doch noch etwas anderes als Holz, das würde ich gar nicht bestreiten. Aber ich sage euch: Denkt ja nicht viel darüber nach! Das kann sehr gefährlich sein. Wer weiß schon wirklich, was außerhalb des Holzes ist? Kein Wurm kann das wissen?"

Der vierte Holzwurm sagte: „Mich interessiert das überhaupt nicht. Solange ich mich jeden Tag vollfressen kann, ist doch ohnehin alles in bester Ordnung, oder?

Der fünfte Holzwurm hatte mit großem Interesse zugehört. Er hatte schon oft darüber nachgedacht, wie es wohl außerhalb des Balkens aussieht. „Wer weiß?" sagte er jetzt, „vielleicht gibt es noch andere Arten von Holz. Das könnte doch möglich sein? Vielleicht fressen wir das minderwertigste Holz, das es gibt, und wissen es nicht. Möglicherweise gibt es ganz in der Nähe süßes Holz, oder weiß ich was?"

Aber die anderen Holzwürmer lachten ihn nur aus.

„So ein Spinner!" sagten sie, und der älteste Holzwurm sagte spöttisch: „Wenn du so neugierig bist, schau dir doch die andere Welt an! Der Weg hinaus ist ganz einfach: Du brauchst immer nur in Richtung Süden nagen. Das hat mir die Ameise gesagt. Also, niemand hält dich auf!" Und die anderen Holzwürmer lachten wieder.

Der fünfte Holzwurm aber sagte: „Ihr braucht gar nicht zu lachen! Ich riskier's! Von mir aus könnt ihr hier verschimmeln!"

Und von dieser Stunde an nagte er nur noch in Richtung Süden.

Er war mit großem Eifer bei der Arbeit, und in seiner Phantasie stellte er sich die neue Welt wunderbar vor. Er war überzeugt, daß am Ende seines Weges ein wahres Holzwurmparadies auf ihn warten würde.

Was der Holzwurm aber nicht wußte, war, daß ihn der älteste Holzwurm aus lauter Bosheit in die falsche Richtung geschickt hatte. Die Ameise hatte nämlich „Westen" statt „Süden" gesagt, und so nagte er in die falsche Richtung, immer dem Balken entlang.

Er kam niemals aus dem Balken heraus.

Nach sechs Jahren ununterbrochener Arbeit fühlte der Holzwurm, daß er sehr schwach geworden war und bald sterben würde.

Nun muß ich sterben und habe es nicht geschafft, dachte er. Bevor er die Augen für immer schloß, sagte er noch: „Aber versucht hab' ich's doch!", und er sah dabei sehr zufrieden aus.

BERTHOLD LUTZ

Das Lösegeld

Gerechtigkeit muß sein“, sagte der König. Der Sohn bewegte sich nicht.

„Und Barmherzigkeit muß sein!“ sagte der König.

Der Sohn stand da und schwieg, dann nickte er leicht und verließ die Halle.

Die beiden, die man an diesem Morgen in den Schuldturm geworfen hatte, waren Bürger der Stadt, fast schon Nachbarn des Schlosses. Sie hatten Mitbürger betrogen und sollten nun, wie das Gesetz es befahl, im Turm bleiben, bis der letzte Pfennig Wiedergutmachung bezahlt war.

Vom Urteilsspruch her kannte der Königssohn die Summen, die die beiden Verurteilten schuldeten. Aus seinem privaten Tresor nahm er das Geld und füllte zwei Jutesäcke damit. Dabei steckte er zu den großen Scheinen genügend kleine Münzen, damit die Säckchen Gewicht bekämen.

Sobald es Abend geworden war, ging er zum Turm. Er paßte die Runde des Wächters ab, denn er wollte nicht gesehen werden, dann warf er – einmal, zweimal. Er traf jeweils genau durch eine der Fensteröffnungen, die groß genug waren, daß die Gefangenen nicht erstickten, und klein genug, daß selbst ein schmächtiger Mann sich nicht hindurchzwängen konnte.

Auch der Raum hinter dem jeweiligen Fenster war winzigklein. Das einige Möbelstücke, eine schmale Pritsche, stand unmittelbar unter dem Fenster. So kam es, daß die beiden Geldsäckchen den Eingekerkerten genau auf die Brust fielen.

Der erste, noch wach vor Sorge, griff nach dem Säckchen und begriff blitzschnell. Sein Herz schlug einen Wirbel vor Freude. Er sprang von seiner Pritsche auf und hätte tanzen mögen. Er wußte, am Morgen würde er sich mit dem Lösegeld des Unbekannten freikaufen können. Wer immer sein Retter war – er würde ihm ewig dankbar sein; ihm allein war es ja zuzuschreiben, daß er neu anfangen durfte.

Vom zweiten Gefangenen sollte eigentlich genau das Gleiche zu erzählen sein, denn daß er bereits aus unruhigem Halbschlaf gerissen war, machte doch wohl keinen großen Unterschied aus. Doch dieser zweite Gefangene griff, ohne zu begreifen und aufgebracht durch die Störung, nach dem kleinen Geldsack und schleuderte ihn voller Zorn durch die Fensteröffnung in die Nacht draußen zurück. Das Geld, das auch ihm die Freiheit hätte bringen können, schlug unweit vom Königssohn auf das Pflaster des Vorplatzes auf.

Der Königssohn stand lange wie betäubt da. Gewiß dachte er auch an den, der die Rettung angenommen hatte; viel stärker waren seine Gedanken bei dem anderen, der sie verweigert hatte.

Der Königssohn bückte sich endlich. Mit den Händen ertastete er den kleinen Jutesack, während schon die Schritte des wiederkehrenden Wächters zu hören waren. Voll Trauer schaute der Königssohn nochmals zu dem einen Turmfenster hin. Ob er, wenn die Wache vorbei war, das Lösegeld ein zweites Mal hineinwerfen würde?

EVELINE HASLER

Der Löchersammler

In ein Lebensmittelgeschäft trat einmal ein Mann, der sagte: „Ich möchte einen Käse haben mit möglichst vielen Löchern." „Sie meinen wohl Emmentaler", sagte der Verkäufer und holte Emmentaler. „Wir haben zwei Sorten. Einen milden und einen kräftigen."

„Egal, welchen", sagte der Mann. „Mich interessieren die Löcher. Das andere ist Käse."

Er ließ sich eine große Scheibe abschneiden, 24 Löcher waren darin.

Zu Hause aß der Mann den Käse sorgfältig um die Löcher herum. Dann legte er die großen Löcher in eine braune Schachtel, die kleinen in eine blaue.

Am nächsten Tag holte er im Lebensmittelgeschäft wieder eine Scheibe, am übernächsten wieder eine. Jedesmal legte er die Löcher in neue Schachteln.

Nach ein paar Wochen war kaum mehr Platz in seiner Wohnung, überall standen Schachteln.

Einmal erhielt der Mann Besuch; es war ein Bekannter, der im Leben viel gesehen hatte.

„Was, zum Kuckuck, bewahrst du in den Schachteln auf?" fragte der Besucher.

„Löcher", sagte der Löchersammler.

Der Besucher schüttelte mißbilligend den Kopf. „Löcher darf man nicht einsperren, die sind freiheitsliebend wie Maikäfer. Du sollst ins Freie gehen und sie loslassen."

Der Löchersammler befolgte diesen Rat.

Er ging ins Freie, auf einen großen Platz mitten in der Stadt. In dem Leiterwagen, den er mitgeführt hatte, türmten sich Schachteln.

Die Leute blieben stehen und gafften.

„Was hast du in den Schachteln?" fragte einer.

„Löcher", sagte der Mann.

„Löcher?" Die Leute schauten sich vielsagend an, einer tippte sich verstohlen an die Stirn.

„Ein Loch ist nichts", stellte eine Frau fest. „Der hat also lauter Nichtse in den vielen Schachteln!"

Die Leuchte lachten, gingen weiter.

Wegen Nichtigkeiten hielten sie sich nicht auf.

Da war in der Nähe die Schule aus.

Kinder kamen lachend über den Platz gerannt.

„Ho, die vielen Schachteln!" rief ein Junge mit einem roten Haarschopf und vielen Sommersprossen.

Die Kinder umringten den Leiterwagen.

„Was ist in den Schachteln?" wollten sie wissen.

„Löcher! Lauter Nichtse!" sagte der Mann. Seine Stimme klang jetzt müde, man merkte ihm die Enttäuschung an.

„Zeig!" sagte der rothaarige Junge.

Der Löchersammler öffnete, um ihm einen Gefallen zu tun, ein paar Deckel.

„Ohhh!" machten die Kinder.

Die Löcher, nichts als Luft, stiegen in die Luft; aber zwischen der Löcherluft und der normalen Luft spannte sich eine feine, regenbogenschillernde Haut. Die Kinder fingen sie mit ausgestreckten Händen, jonglierten mit ihnen, ließen sie steigen wie Seifenblasen.

Die Löcher stiegen auf zu den Mauern, drangen, da sie ja lauter Nichtse waren, mühelos durch Beton und Stein. Überall, wo sie durchgedrungen waren, sah man jetzt ein Loch: im

Schulhaus, im Gebäude der Stadtverwaltung, in den grauen Häuserzeilen. Auch die Kirche hatte vorn ein Bullauge bekommen. Durch alle Löcher konnte man den Wald und die Hügel und das Himmelsblau sehen.

Ein frischer Wind wehte durch die neuen Öffnungen. Luft und Licht erfüllten die Stadt.

Die Leute staunten.

Sie klatschten in die Hände und riefen:

„Nun sieht unsere Stadt viel schöner aus!

Genau das hat unserer Stadt gefehlt: Löcher!

Der Löchersammler soll Stadtbaumeister werden!“

Sie wählten ihn zum Stadtbaumeister und errichteten nach seinem Tod ein Denkmal. Das Denkmal war ein Steinsockel, auf dem Steinsockel stand nichts. Trotzdem schauten viele Leute, wenn sie über den Platz gingen, hinüber und nickten ein bißchen mit dem Kopf.

„Was grüßen die Leute?“ fragte ein Fremder. „Auf dem Sockel steht ja nichts.“

Dann lächelten sie und sagten: „Ein Loch ist auf dem Sockel, ein Loch zum Andenken an den Löchersammler.“

JANOSCH

Der Tod und der Gänsehirt

Einmal kam der Tod über den Fluß, wo die Welt beginnt. Dort lebte ein armer Hirt, der eine Herde weißer Gänse hütete.

„Du weißt, wer ich bin, Kamerad?“ fragte der Tod.

„Ich weiß, du bist der Tod. Ich habe dich auf der anderen Seite hinter dem Fluß oft gesehen!“

„Du weißt, daß ich hier bin, um dich zu holen und dich mitzunehmen auf die andere Seite des Flusses.“

„Ich weiß. Aber das wird noch lange sein.“

„Oder wird nicht lange sein. Sag, fürchtest du dich nicht?“

„Nein“, sagte der Hirt. „Ich habe immer über den Fluß geschaut, seit ich hier bin, ich weiß, wie es dort ist.“

„Gibt es nichts, was du mitnehmen möchtest?“

„Nichts, denn ich habe nichts.“

„Nichts, worauf du hier noch wartest?“

„Nichts, denn ich warte auf nichts.“

„Dann werde ich jetzt weitergehen und dich auf dem Rückweg holen. Brauchst du noch etwas, wünschst du dir noch was?“

„Brauche nichts, hab’ alles“, sagte der Hirt. „Ich habe eine Hose und ein Hemd und ein Paar Winterschuhe und eine Mütze. Ich kann Flöte spielen, das macht mich lustig. Meine Gänse verstehen nicht viel von Musik.“

Als dann der Tod nach langer Zeit wiederkam, gingen viele hinter ihm her, die er mitgebracht hatte, um sie über den

Fluß zu führen. Da war ein Reicher dabei, ein Geizhals, der zeit seines Lebens wertvolles und wertloses Zeug an sich gerafft hatte: Klamotten, auch Gold und Aktien und fünf Häuser mit etlichen Etagen. Der Mann jammerte und zeterte: „Noch fünf Jahre, nur noch fünf Jahre hätte ich gebraucht, und ich hätte noch fünf Häuser mehr gehabt. So ein Unglück, so ein Unglück verfluchtes!" Das war schlimm für ihn.

Ein Rennfahrer war unter ihnen, der zeit seines Lebens trainiert hatte, um den großen Preis zu gewinnen. Fünf Minuten hätte er noch gebraucht bis zum Sieg. Da erwischte ihn der Tod.

Ein Berühmter war dabei, dem ein Orden gefehlt hatte, nur ein einziger Orden, für den er Jahre aufgewendet hatte, da holte ihn der Bruder Tod. Das war schlimm für ihn.

Dann war da ein junger Mensch, der hatte an seiner Braut gehangen, denn sie waren ein Liebespaar gewesen, und keiner konnte ohne den anderen leben.

Ein schönes Fräulein war dabei mit langen Haaren. Und viele Reiche, die jetzt nichts mehr besaßen, und noch mehr Arme, die jetzt auch nicht das besaßen, was sie gerne hätten haben wollen.

Ein alter Mann war freiwillig mitgegangen. Aber auch er war nicht froh, denn siebzig Jahre waren vergangen, ohne daß er das bekommen hatte, was er hatte haben wollen. Schlimm für sie alle.

Als sie an den Fluß kamen, wo die Welt aufhört, saß dort der Hirt. Und als der Tod ihm die Hand auf die Schulter legte, stand er auf, ging mit über den Fluß, als wäre nichts, und die andere Seite hinter dem Fluß war ihm nicht fremd. Er hatte Zeit genug gehabt, hinüberzuschauen, er kannte sich hier aus, und die Töne waren noch da, die er immer auf der Flöte gespielt hatte; er war sehr fröhlich. Das war schön für ihn.

Was mit den Gänsen geschah? Ein neuer Hirt kam.

WILLI FÄHRMANN

Die Legende von der Rettung aus Seenot

Lang, lang ist's her. Es gab noch keine Autos, keine Eisenbahnen und auch noch keine Flugzeuge. Die Seeleute, die damals mit ihren Schiffen über das Meer fuhren, spannten große Segel auf. Die Kraft des Windes trieb ihr Schiff von Hafen zu Hafen. Aus dieser Zeit erzählt man sich die Geschichte, wie der heilige Nikolaus, der Bischof von Myra, zum Schutzpatron der Schiffer geworden ist.

Eines Tages segelte ein stolzes Schiff durch das Mittelmeer. Es wollte nach Konstantinopel. An Bord trug es reiche Schätze Arabiens. Es war wohlausgerüstet und hatte eine tüchtige Mannschaft. Der Kapitän war ein alter, erfahrener Seemann. Schon war der ersehnte Hafen nicht mehr weit, da verdüsterte sich der Himmel, Wind sprang auf, und die Kämme der Wellen wurden schaumig und weiß.

Doch der Kapitän hatte mit seinem Schiff schon so manches böse Wetter durchgestanden. Er wußte, was zu tun war. Er ließ die Segel reffen. Das Ruder nahm er selber in die Hand. Genau dem Wind entgegen drehte er den Bug seines Schiffes. Die Seeleute gehorchten seinen Befehlen aufs Wort. Doch der Wind wurde immer wütender, wuchs zum Sturm, heulte in den Tauen und Masten und riß den Leuten die Worte vom Mund.

Noch kämpfte das Schiff unverdrossen gegen die Wellen an. Aber schon türmte der Sturm das Wasser zu Bergen,

schon warfen sich die Wellen über die Bordwand und überspülten das Deck. Breitbeinig stand der Kapitän und hielt das Ruder fest. Sein Steuermann half ihm dabei. Jetzt prasselten Regenschauer hernieder. Es wurde finster wie in der Nacht; eine Nacht ohne Stern, ohne Mond. Wieder schäumte ein Wellengebirge hoch auf, zerbrach und stürzte sich über das Schiff. Das Holz ächzte. Ein Zittern durchlief den Schiffsrumpf und alle, die er trug. Pfeifen und Knirschen fuhr durch den Mast, ein Splittern, ein Krachen! In halber Höhe zerbarst der Mast. Wie wild hieben die Männer mit Beilen und Äxten die Taue durch, damit das Wasser das gebrochene Holz wegschwemmen konnte. Doch eine Woge riß den mächtigen Mast hoch auf, schlug ihn gegen das Schiff und stieß ein Loch in die Bordwand. Immer noch hielten die Taue den Rammbock. Da liefen die Seeleute fort, um dem wildgewordenen Mastholz zu entgehen. Schon sah der Kapitän sein Schiff verloren, da fiel ihm in der höchsten Not ein, was er vom Bischof Nikolaus von Myra gehört hatte.

„Sankt Nikolaus, Sankt Nikolaus! Bitte für uns!" schrie er dem Sturm entgegen. Die Seeleute, die ihm am nächsten standen, hörten seinen Schrei. Sie nahmen den Ruf auf. So drang er bis in das Vorschiff.

„Sankt Nikolaus! Bitte für uns!" schrien die Matrosen. Mit einem Male wurde es ein wenig heller. Plötzlich stand mitten auf dem Schiff ein Mann, den sie nie zuvor gesehen hatten. Er schwang seine Axt und hieb auf die Haltetaue ein. Die Matrosen faßten durch sein Beispiel wieder Mut und kappten die letzten Taue, die den gefährlichen Mastbaum noch hielten. Die nächste Woge trug ihn weit vom Schiffsrumpf fort.

Stunden noch wütete das Wetter, doch nach und nach wurden die Wellen zahmer, und allmählich flaute der Wind ab.

Als schließlich die Sonne zwischen jagenden Wolken hin und wieder hervorschaute, da war die ärgste Gefahr vorbei.

Aber wie sah das stolze Schiff aus! Wie ein zerzauster Vogel trieb es auf dem Meer. Zerrissen die Planken, zersplittert die Bordwand, verwüstet das Deck, weggeschwemmt die Ladung. Endlich übergab der Kapitän dem Steuermann wieder das Ruder.

„Bringt mir den Mann her, der uns gerettet hat!“ befahl der Kapitän. Doch so sehr die Seeleute auch suchten, sie fanden ihn nicht. Am nächsten Tag tauchte die Küste von Kleinasien in der Ferne auf. Ein Notsegel, am Maststumpf mühsam aufgeknüpft, trieb sie langsam in den Hafen von Myra.

Die Matrosen vertäuten das verwundete Schiff. Sie warfen sich in ihre Kojen und wollten nichts als schlafen, schlafen, schlafen. Der Kapitän aber ging mit seinem Steuermann zur Kirche von Myra hinauf. Er wollte dem Herrn für die Rettung aus Seenot danken. In der Kirche wurde gerade ein Gottesdienst gefeiert. Vorne am Altar stand der Bischof. Als die Seeleute näherkamen, erkannten sie ihn. Sie sahen, daß er der Mann war, der ihnen auf dem Meer so wunderbar geholfen hatte.

Da priesen sie Gottes wunderbare Güte. Überall verbreitete sich unter den Seeleuten diese Geschichte. So wurde der heilige Nikolaus der Patron aller Seeleute und Schiffer.

ÖDÖN VON HORVATH

Legende vom Fußballplatz

Es war einmal ein armer kleiner Bub, der war kaum sieben Jahre alt, aber schon loderte in ihm eine Leidenschaft: er liebte den Fußball über alles.

Bei jedem Wettspiel mußte er dabeigewesen sein: ob Liberia gegen Haidhausen, ob Beludschistan gegen Neukölln – immer lag er hinter einem der Tore im Grase (meist bereits lange vor Beginn) und verfolgte mit aufgerissenen runden Kinderaugen den mehr oder minder spannenden Kampf. Und wenn ein Spieler grob rempelte, ballten sich seine Händchen erregt zu Fäusten und mit gerunzelter Stirne fixierte er finster den Übeltäter. Doch wenn dann vielleicht gar gleich darauf des Schicksals Laune (quasi als Racheakt) ein Goal schoß, so tanzte er begeistert und suchte strahlend all den Anderen, die um ihn herum applaudierten, ins Antlitz zu schauen.

Diese Anderen, die neben ihm lagen, waren ja meistens schon um ein oder zwei Jahre älter und andächtig horchte er, wenn sie sich in den ungeheuerlichsten hochdeutschen Fachausdrücken, die sie weiß Gott wo zusammengehört hatten, über die einzelnen Spieler und Clubs ergingen; ergriffen lauschte er trüben Weissagungen, bis ihn wieder ein wunderbar vollendet geköpfter Ball mit sich riß, daß sein Herz noch höher flog wie der Ball.

So saß er oft im nassen Grase. Stundenlang.

Der Novemberwind schmiegte sich an seinen schmalen Rücken, als wollt er sich wärmen und hoch über dem Spielplatz zog die Fieberhexe ihre Raubvogelkreise.

Und als der Schlußpfiff verklungen war, da dämmerte es bereits; der kleine Bub lief noch einmal quer über das Feld und ging dann allein nach Hause. In den leeren Sonntagsstraßen war es ihm einige Male, als hörte er Schritte hinter sich: als schliche ihm jemand nach, der spionieren wolle, wo er wohne. Doch er wagte nicht umzuschauen und beneidete den Schutzmann, der solch große Schritte machen konnte. Erst zuhause, vor dem hohen grauen Gebäude, in dem seine Eltern den Gemüseladen hatten, sah er sich endlich um: ob es vielleicht der dicke Karl ist, mit dem er die Schulbank teilt und der ihn nie in Ruhe läßt – aber es war nur ein dürres Blatt, das sich mühsam die Straße dahinschleppte und sich einen Winkel suchte zum Sterben.

Und am Abend in seinem Bett fror er trotz tiefroter Backen; und dann hustete er auch und es hob ihn vornüber, als haute ihm der dicke Karl mit der Faust in den Rücken.

Nur wie durch einen Schleier sah er seiner Mutter Antlitz, die am Bettrande saß und ihn besorgt betrachtete; und er hörte auch Schritte im Zimmer, langsame, hin und her: das war sein Vater.

Der Nordwind hockte im Ofenrohr und zu seinem Gesumm fingen Regentropfen an einen Reigen um ihn zu tanzen. Er schloß die Augen. Da wurde es dunkel. Und still.

Doch nach Mitternacht wich plötzlich der Schlaf und feine Fingerknöchelchen klopften von außen an die Fensterscheibe – und er hörte seinen Namen rufen – „Hansl!" rief eine sanfte Stimme – „Hansl!"

Da erhob sich der kleine Bub aus seinem Bette, trug einen Stuhl vor das Fenster, erkletterte ihn und öffnete –: draußen war tiefe stille Nacht; keine Trambahn läutete mehr und auch die Gaslaterne an der Ecke war schlafen gegangen und – vor seinem Fenster im vierten Stock schwebte ein heller Engel; der ähnelte jenem, welcher Großvaters Gebetbuch als Spange umschloß, nur, daß er farbige Flügel hatte: der linke blau und gelb: das waren die Farben des Fußballvereins von Oberhaching; der rechte rosa und grün: das waren die Farben dessen von Unterhaching; seine schmalen Füße staken in purpurnen Fußballschuhen, an silberner Sternenschnur hing um seinen Schwanenhals eine goldene Schiedsrichterpfeife und in den durchsichtigen Händen wiegte sich ein mattweißer Fußball.

„Schau" – sprach der Engel – „schau!" und köpfte den Ball kerzengerade in die Höhe; der flog, flog – bis er weit hinter der Milchstraße verschwand.

Dann reichte der Himmlische dem staunenden Hansl die Hand und lächelte: „Komm mit zum Fußballwettspiel –"

Und Hansl ging mit.

Wortlos war er auf das Fensterbrett gestiegen und da er des Engels Hand ergriffen, da war es ihm, als hätte es nie einen dicken Karl gegeben. Alles war vergessen, versank unter ihm in ewigen Tiefen – und als die beiden an der Milchstraße vorbeischwebten, fragte der kleine Bub: „Ist es noch weit?"

„Nein", lächelte wieder der Engel, „bald sind wir dort."

Und weil Engel nie lügen, leuchtete bald durch die Finsternis eine weiße rechteckige Fläche, auf die sie zuflogen. Anfangs glaubte Hansl, es wäre nur ein Blatt unliniertes Papier, doch kaum, daß er dies gedacht hatte, erfaßte sein Führer auch schon den Rand; nur noch ein Klimmzug – und es war erreicht!

Doch wie erstaunte da der kleine Bub!

Aus dem Blatt unliniertem Papier war eine große Wolke geworden, deren Oberfläche ein einziger herrlich angelegter Fußballplatz war; auf buntbewimpelten Tribünen saßen Zuschauer wie sie in solcher Zahl unser Kleiner noch bei keinem Wettspiel erlebt hatte. Und das ganze Publikum erhob sich zum Gruß und aller Augen waren voll Güte auf ihn gerichtet, ja selbst der Aufseher, der ihn doch sonst immer sofort hinter das Tor in das nasse Gras trieb, führte ihn unter fortwährenden Bücklingen auf seinen Platz: Tribüne(!) Erste Reihe(!!) Mitte (!!!)

„Wie still nur all die Leute sind!“ meinte der kleine Bub. „Sehr recht, mein Herr“, lispelte der Aufseher untertänig, „dies sind ja auch all die seligen Fußballwettspielzuschauer.“

Unten am Rasen losten die Parteien nun um die Sonne-im-Rücken-Seite und – „das sind die besten der seligen Fußballspieler“, hörte Hansl seinen Nachbarn sagen; und als er ihn ansah, nickte ihm dieser freundlich zu: da erkannte er in ihm jenen guten alten Herrn, der ihn einst (als Borneo gegen Alaska verlor) vor dem dicken Karl verteidigte; noch hielt er den Rohrstock in der Hand, mit dem er dem Raufbold damals drohte. Wie der dann lief!

Unermeßliche Seligkeit erfüllte des armen kleinen Buben Herz. Das Spiel hatte begonnen, um nimmermehr beendet zu werden, und die Zweiundzwanzig spielten wie er noch nie spielen sah. Manchmal kam es zwar vor, daß der eine oder andere dem Balle einfach nachflog (es waren ja auch lauter Engel), doch da pfiff der Schiedsrichter (ein Erzengel) sogleich ab: wegen unfairer Kampfesweise.

Das Wetter war herrlich. Etwas Sonne und kein Wind. Ein richtiges Fußballwetter.

Seid dieser Zeit hat niemand mehr den armen kleinen Buben auf einem irdischen Fußballplatze gesehen.

LENE MAYER-SKUMANZ

Der Besuch

Ein Mann erfuhr, daß Gott zu ihm kommen wollte.

„Zu mir?“ schrie er. „In mein Haus?“

Er rannte durch alle Zimmer,
er lief die Stiegen auf und ab,
er kletterte zum Dachboden hinauf,
er stieg in den Keller hinunter.

Er sah sein Haus mit anderen Augen.

„Unmöglich!“ schrie er. „In diesem Sauhaufen kann man keinen Besuch empfangen. Alles verdreckt. Alles voller Gerümpel. Kein Platz zum Ausruhen. Keine Luft zum Atmen.“

Er riß Fenster und Türen auf.

„Brüder! Freunde!“ rief er. „Helft mir aufräumen – irgendeiner! Aber schnell.“

Er begann, sein Haus zu kehren.

Durch dicke Staubwolken sah er, daß ihm einer zu Hilfe gekommen war. Sie schleppten das Gerümpel vors Haus, schlugen es klein und verbrannten es. Sie schrubbten Stiegen und Böden. Sie brauchten viele Kübel Wasser, um die Fenster zu putzen. Und immer noch klebte der Dreck an allen Ecken und Enden.

„Das schaffen wir nie!“ schnaufte der Mann.

„Das schaffen wir!“ sagte der andere.

Sie plagten sich den ganzen Tag.

Als es Abend geworden war, gingen sie in die Küche und deckten den Tisch.

„So", sagte der Mann, „jetzt kann er kommen, mein Besuch! Jetzt kann Gott kommen. Wo er nur bleibt?"

„Aber ich bin ja da!" sagte der andere und setzte sich an den Tisch.

„Komm und iß mit mir!"

KURT HOCK

Achmed

Letzten Sommer war ich mit meinen Eltern in der Türkei. Wir verbrachten dort unseren Sommerurlaub. In der Gegend, wo wir uns aufhielten, gab es einen ganz besonders feinen Sandstrand. Hier konnte man so richtig faulenzen. Besonders gerne spielte ich mit den türkischen Jungen Volleyball. Sie hatten ein breites Netz an zwei Stangen befestigt, und es machte einen Riesenspaß, nach dem Ball zu hechten, weil der feine Sand besonders weich war und man keine Angst haben mußte, daß man sich weh tat.

Am liebsten spielte ich mit Achmed. Obwohl ich kein Wort Türkisch sprach, verstanden wir uns gleich ganz prächtig, einfach so. Wir mußten ja nicht viel reden, wenn wir uns den Ball vorlegten.

An einem besonders heißen Tag hatte ich mir am Strand eine Kuhle gegraben. Rund um die Vertiefung schichtete ich das Erdreich, um eine windgeschützte Stelle gegen den feinen Flugsand auszuheben. Offensichtlich war das Loch zu feucht, denn am nächsten Tag lag ich mit hohem Fieber auf dem Zimmer. Ich mußte das Bett hüten.

An Nachmittag stand plötzlich Achmed in der Tür zu unserer Ferienwohnung. Er hatte den Ball unter den Arm geklemmt und hob ihn hoch. Ich schüttelte mit dem Kopf, fühlte mich schwach und elend.

Er lächelte, hob die Hand wie zum Gruß und wandte sich zur Türe.

„Jetzt wird er mit den anderen am Strand durch den Sand hechten“, dachte ich. Deswegen war ich sehr erstaunt, als er nach zehn Minunten wieder zurückkam, ohne Ball. Er setzte sich neben mich und berührte mit der Außenseite der Fingerglieder meine Schläfe. Ich spürte, wie die Schweißperlen auf meiner Stirne abwärts in den Nacken rannen.

Als meine Mutter sah, daß der Junge blieb, konnte sie ins Dorf gehen, um Lebensmittel einzukaufen. Achmed ging in die Küche, holte eine Schüssel kühles Wasser, befeuchtete einen Waschlappen und legte ihn mir auf die Stirn. Der konnte mir das Fieber zwar nicht nehmen, aber ich spürte eine wohltuende Linderung auf der Haut. Dann setzte er sich neben mich auf den Stuhl und schaute mich an mit seinen glänzenden pechschwarzen Augen.

Nach einer Weile nahm er den Waschlappen, kühlte ihn im Wasser, wrang ihn aus, um ihn mir erneut auf den Kopf zu legen. Achmed hatte viel Geduld.

Jede Anstrengung, zu sprechen, sich verständlich zu machen, fiel mir schwer. Er hätte ja auch meine Sprache nicht verstanden. Manchmal fühlte ich mich so schwach, daß ich den Kopf zur Seite legte und für eine Weile einschlief, durch wirre Träume hindurch phantasierte. Als ich die Augen aufschlug, saß Achmed immer noch da.

Ich sah ihn wie durch einen Schleier. Seine Gegenwart war trostreich und mild, als nehme er ein schweres Gewicht von mir, damit ich leichter atme. Er blieb auch noch, als Mutter aus dem Dorf zurückkam. Erst am Abend machte er sich auf den Weg.

An der Türe hob er noch einmal die Hand wie mittags mit dem Ball.

Nach einigen Tagen war ich wieder fieberfrei und so weit

gesund, daß ich aufstehen und zum Strand gehen konnte. Ich fühlte mich noch ein wenig schwach und weich in den Knien, aber ich wollte den Jungen beim Volleyball-Spielen zusehen.

Sie empfingen mich herzlich und mit lautem Rufen. Achmed war nicht dabei.

Ich erkundigte mich nach ihm, indem ich mehrfach seinen Namen aussprach. Sie zuckten mit den Schultern. Ich versuchte mich verständlich zu machen. Sie erkannten, daß ich etwas sagen wollte, und vermochten mir doch nicht zu helfen.

Sie luden mich ein, mitzuspielen, aber ich war noch zu schwach, winkte ab.

Ich ging in unser Ferienhaus zurück. Bald hörte ich die Spielgeräusche und den aufschlagenden Ball, die begeisterten Schreie nur noch aus der Ferne.

Achmed habe ich nie mehr gesehen, obwohl ich jeden Tag am Strand auf ihn wartete. Ich denke gern an ihn. Manchmal, wenn es mir schlecht geht, meine ich, er sitzt neben mir.

FRANZ HOHLER

Nachbars Hund

Am Gartentor unseres Nachbarn ist ein Schild befestigt mit der Aufschrift „Warnung vor dem Hund“. Jedesmal, wenn man das Tor aufmacht, ertönt ein Gebell, das so unheimlich ist, daß es einem richtig in die Knochen fährt. Es ist eine Mischung zwischen einem Löwengebrüll und dem heiseren Husten eines Wolfes, wie man es von den Fernsehfilmen her kennt. Deshalb getraut sich auch niemand, bis zur Wohnungstür unseres Nachbarn zu gehen, und selbst der Briefträger wirft seine Post nur über den Gartenzaun und geht dann rasch wieder weiter. Kürzlich aber flog einem kleinen Buben beim Spielen der Ball in diesen Garten, und da der Ball sein liebstes Spielzeug war, nahm er seinen ganzen Mut zusammen und kletterte hinüber, um ihn zu holen. Er wunderte sich, daß die Mischung zwischen einem Löwengebrüll und dem heiseren Husten eines Wolfes, wie man es von den Fernsehfilmen her kennt, nicht ertönte, und als er zur Hundehütte kam, vor der sein Ball lag, hüpfte ein kleiner Dackel heraus, der fröhlich mit dem Schwanz wedelte. „Was?“ sagte der Bub, „bist du der, der immer so unheimlich bellt?“ „Ja“, sagte der Dackel. „Das glaube ich dir nicht“, sagte der Bub. Da ging der Dackel in die Hundehütte hinein und drückte mit der rechten Vorderpfote auf die Taste eines Tonbands, worauf sogleich das unheimliche Gebell erklang, das eine Mischung zwischen einem Löwengebrüll und dem heiseren Husten eines Wolfes war, wie man es von den Fernsehfilmen her kennt. Da mußte der Bub lachen und der Dackel auch, und es tönte wie eine Mischung zwischen dem Lachen eines Buben und dem Bellen eines Dackels. Das Tonband hatte alles aufgenommen, und als der Meister nach Hause kam, drückte der Dackel wieder die Taste, und da ertönte das Lachen eines kleinen Buben und das Bellen eines kleinen Dackels.

„Was?“ rief der Meister empört, „wo ist das unheimliche Gebell, das eine Mischung zwischen einem Löwengebrüll und dem heiseren Husten eines Wolfes ist, wie man es von den Fernsehfilmen her kennt?“ „Es ist gelöscht“, sagte der Dackel, „von jetzt an gibt es nur noch das da.“ Er drückte auf die Taste, und wieder hörte man das Lachen eines kleinen Buben und das Bellen eines kleinen Dackels.

Der Meister war sehr böse und bestellte sogleich bei einer Tonfabrik ein neues unheimliches Gebell, das eine Mischung zwischen einem Löwengebrüll und dem heiseren Husten eines Wolfes war, wie man es von den Fernsehfilmen her kennt. Er konnte fast nicht warten, bis die Fabrik die neue Mischung schickte, aber in der Zwischenzeit merkte er, wie alle Leute freundlicher wurden, wie der Briefträger sich wieder hineingetraute, und wie die Kinder mit seinem Dackel zu spielen begannen, und wie er selber manchmal, wenn er heimkam, ein bißchen vor sich herzupfeifen begann.

Die Fabrik hat das neue Tonband mit dem unheimlichen Gebell, das eine Mischung zwischen einem Löwengebrüll und dem heiseren Husten eines Wolfes ist, wie man es von den Fernsehfilmen her kennt, immer noch nicht geschickt, weil so etwas meistens eine Weile dauert, aber ich muß sagen, ich bin nicht sicher, ob es unser Nachbar überhaupt noch braucht, wenn es dann kommt.

UWE NACHTWEY

*Berni Bärenraupe wagt und gewinnt**

Berni war eine Bärenraupe. Er war nicht besonders groß, nicht besonders hübsch und nicht besonders gescheit; eben eine ganz normale Bärenraupe. Berni lebte in einer großen Stadt.

Schaute er nach oben, sah er hohe, scheinbar nicht endende Häuser. Vom Himmel, von den Wolken oder von der Sonne bekam er nur manchmal ein ganz kleines Stück zu Gesicht.

Wenn er einatmete, taten ihm seine Atmungsorgane weh von all den Auspuffgasen der Autos und dem Gestank der nahen Fabriken.

Und wollte er sich unterhalten, mußte er lange suchen, bis er jemand fand, der Zeit für ihn hatte. Denn die Küchenschaben, die Kellerasseln, die Fliegen, die Spinnen und wer da sonst noch in der Stadt wohnte, hatten meistens keine Zeit. Den ganzen Tag arbeiteten sie, um für ihren Lebensunterhalt zu sorgen.

Berni gefiel es nicht in der Stadt. Er fühlte sich einsam und unglücklich.

---

* Nach dem Gedicht „Chance der Bärenraupe“ von Rudolf Otto Wiemer. Erschienen in: Rudolf Otto Wiemer, Ernstfall, J. F. Steinkopf Verlag, Stuttgart [2]1973.

Oft lag er abends in seinem Bett, einer alten Streichholzschachtel, und konnte nicht einschlafen. Dann dachte er sich: „Es muß doch noch etwas anderes geben als die große Stadt. Das kann doch nicht alles sein. Irgendwo gibt es sicher einen Ort, an dem eine kleine Bärenraupe glücklich werden kann!“

Wenn Berni so wachlag, erinnerte er sich an die Geschichten von der Wiese auf der anderen Seite der Straße, die ihm sein Großvater erzählt hatte.

„Weißt du, Berni“, hatte sein Großvater oft begonnen, „da drüben, auf der anderen Seite der breiten Straße, ist die Welt viel schöner als hier. Da gibt es Gras, das ist viel weicher als der Asphalt hier in der Stadt. Dort duftet es überall nach Blumen, schönen bunten Blumen. Bäume gibt es da mit grünen Blättern, die schmecken viel besser als das Feinste, was es hier zu essen gibt.

Dort haben alle viel Zeit, um miteinander zu sprechen, denn es gibt genug Nahrung für alle. Keiner braucht Angst zu haben, nicht satt zu werden. Ja, es ist schön auf der Wiese! Schade, daß ich schon so alt bin, sonst würde ich heute noch losziehen!“

Berni hatte seinem Großvater genau zugehört, so daß er sich an jede Einzelheit erinnern konnte.

Und er träumte oft von der Wiese.

Eines Abends, als er wieder einmal nicht schlafen konnte und traurig in seinem Bett hin und her krabbelte, faßte er den Entschluß: „Morgen gehe ich auf die Wiese! Hier halte ich es nicht länger aus! Hier will ich nicht mehr bleiben!“

Am nächsten Morgen machte sich Berni auf den Weg.

Ein komisches Gefühl im Magen hatte er schon, als er seine Streichholzschachtel verließ. Schließlich hatte er lange Zeit dort gelebt, es war sein Zuhause gewesen. Aber seine Entscheidung stand fest. Er wollte ein neues Leben beginnen.

So krabbelte er mutig los.

Als er die breite Straße erreicht hatte, drehte er sich noch einmal um. Er sah die Hochhäuser, die Schlote der Fabriken und die parkenden Autos. „Das alles werde ich nun nicht mehr sehen“, dachte er froh, „denn das gibt es ja auf der Wiese nicht!“

Mutig setzte er seine ersten vier Füße auf die Fahrbahn.

„Halt! Du bist wohl verrückt geworden!“ schrie Martha, die Küchenschabe, die zufällig vorbeikam. „Was machst du denn da für einen Unfug!“

„Ich gehe auf die Wiese!“ antwortete ihr Berni freundlich. „Mir gefällt es in der Stadt nicht mehr. Und da will ich auf der Wiese neu anfangen!“

„Du hast wohl nicht alle Tassen im Schrank!“ rief Martha entsetzt. „Du kommst doch nie lebend über die Straße. Dreißig Autos fahren hier in der Minute vorbei. Bei deinem Schneckentempo wirst du da mit Sicherheit überfahren. Bleibe also lieber hier, bevor dir noch etwas zustößt!“

„Vielleicht werde ich wirklich überfahren“, sagte Berni ruhig. „Aber in der Stadt halte ich es nicht länger aus! Und außerdem . . .“

Weiter kam er nicht, denn Martha unterbrach ihn aufgebracht: „Weißt du überhaupt, ob da drüben eine Wiese ist? Vielleicht sind die Geschichten, die man dir erzählt hat, nur erfunden. Vielleicht gibt es gar keine Wiese. Von hier kann man sie jedenfalls nicht sehen. Und von dort zurückgekom-

men ist auch noch keiner. Mir wäre das zu riskant! Bleibe lieber hier!“

„Vielleicht hast du recht“, gab ihr Berni zur Antwort, „vielleicht gibt es da drüben keine Wiese. Aber vielleicht muß ich auch nur ein bißchen Mut haben, um in eine schönere, lebenswertere Welt zu kommen. Vielleicht muß ich nur den ersten Schritt wagen. Jedenfalls will ich es versuchen! Ich riskiere es! Ich will aus meinem Leben etwas machen!“

Als er ausgeredet hatte, krabbelte er los.

Martha blieb am Straßenrand zurück und schüttelte verständnislos den Kopf. Soviel Leichtsinn war ihr noch nicht vorgekommen!

Und Berni?

Berni krabbelte, … krabbelte …

und kam auf der Wiese an.

Quellen

Eleonore Beck, Das Ostermahl, in: Meine Bilderbibel, Das große Buch von Gott und den Menschen, Erzählt von Eleonore Beck, Illustriert von Paul König, Neuausgabe, Friedrich Bahn Verlag GmbH und Verlag Butzon & Bercker (Konstanz und Kevelaer 1983)

Jürg Bauer, Abdallah der Fischer, Bohem Press (Zürich 1983)

Max Bolliger, Der goldene Fisch, in: Max Bolliger, Der goldene Fisch, Zehn Märchen, Mit Illustrationen von Stepán Zavrel, Bohem Press (Zürich 1984)

Willi Fährmann, Die Legende von der Rettung aus Seenot, in: Willi Fährmann, ... und brachten Freude auf die Erde, Echter Verlag (Würzburg 1978) (Copyright beim Autor)

Brüder Grimm, Der Arme und der Reiche, Abdruck nach der siebenten, von Wilhelm Grimm besorgten Auflage aus dem Jahr 1857

Peter Härtling, Die Möhre, in: „Geh und spiel mit dem Riesen", Erstes Jahrbuch der Kinderliteratur, hrsg. von Hans-Joachim Gelberg, Beltz Verlag (Weinheim und Basel 1971) (Copyright beim Autor)

Eveline Hasler, Der Löchersammler, in: Eveline Hasler, Der Löchersammler und andere Geschichten, Benziger Edition im Arena Verlag (Würzburg 1994)

Werner Heiduczek, Der kleine häßliche Vogel, KinderBuchVerlag Berlin

Gregor Alexander Heussen, Pavos Lösung, in Entdeckungen, Glaubensgeschichten für Kinder, hrsg. von Gregor Alexander Heussen, Signal-Verlag (Baden-Baden 1984)

Kurt Hock, Achmed, in: Kurt Hock, Ein Schnabel voll Sonne, Hoffnungsgeschichten, Mit Zeichnungen von Joachim Schuster, Verlag Herder (Freiburg im Breisgau 1985)

Kurt Hock, Yevgu, in: Kurt Hock, Telat sucht den Regenbogen, Ge-

schichten und Gebete für Kinder und ihre Eltern, Bilder von Joachim Schuster, Verlag Herder (Freiburg im Breisgau 1978)
Franz Hohler, Nachbars Hund, in: Franz Hohler, Der Granitblock im Kino und andere Geschichten für Kinder, Mit Zeichnungen von Arthur Loosli, Hermann Luchterhand Verlag GmbH (Darmstadt und Neuwied 1981) (Copyright beim Autor)
Ödön von Horváth, Legende vom Fußballplatz, in: Ödön von Horváth, Gesammelte Werke, Band III, Suhrkamp Verlag (Frankfurt am Main 1970)
Janosch, Der Tod und der Gänsehirt, in: Janosch. Das große Janosch-Buch, Beltz Verlag (Weinheim und Basel 1976)
Helmut Jaschke, Die Ohrfeige, in Helmut Jaschke, Eine Theologie für Kinder in Geschichten, Band 1: Advent bis Pfingsten, Verlag J. Pfeiffer (München 1984) (Copyright beim Autor)
Frank Jehle, Laurentius, in: Frank Jehle, Das kleine Legendenbuch, Illustrationen von Hermann Spaan, Verlagsgemeinschaft der Verlage Benziger und Ernst Kaufmann (Zürich/Köln und Lahr 1983)
Erich Jooß, Das verlorene Schaf (Copyright beim Autor)
Eva-Maria Kremer, Das Rattenkind, in: Eva-Maria Kremer, Weihnachten hat viele Gesichter, RexVerlag (Luzern/München 1978)
Berthold Lutz, Das Lösegeld, in: Berthold Lutz, Guten-Tag-Geschichten für Sie. Und durch Sie vielleicht für andere, Echter Verlag (Würzburg 1984)
Lene Mayer-Skumanz, Der Besuch, in: Die Mutwurzel, hrsg. von Lene Mayer-Skumanz, Verlag St. Gabriel (Mödling–Wien 1985)
Lene Mayer-Skumanz, Das Geschenk des Adlers, in: Lene Mayer-Skumanz, Jakob und Katharina, Geschichten zum Lesen, Spielen und Weiterdenken, Illustriert von Christina Oppermann-Dimow, Verlag Herder & Co. (Wien 1981)
Lene Mayer-Skumanz, Franziskus bei den Aussätzigen, in: Lene Mayer-Skumanz, Geschichten vom Bruder Franz, Bilder von Alicia Sancha, Verlag St. Gabriel (Mödling–Wien 1980) (Titel der Erzählung wurde vom Herausgeber gewählt)
Lene Mayer-Skumanz, Jakob geht in die Wüste, in: Hoffentlich bald, Geschichten, Lieder, Gedichte, Spiele, hrsg. von Lene Mayer-Skumanz, Verlag Herder & Co (Wien 1983)
Lene Mayer-Skumanz / Käthe Recheis, Die Geschichte vom kleinen Pygmäen und seinem Freund, dem großen Balese, in: Lene Mayer-

Skumanz / Käthe Recheis, Der König der Antilopen, Märchen aus aller Welt, Bilder von Hilde Leitner, Verlag St. Gabriel (Mödling–Wien 1982)

Heinrich A. Mertens, Brot in deiner Hand, in: Heinrich A. Mertens, Brot in deiner Hand, Verlag J. Pfeiffer (München ^{3}1975) (Copyright bei Eva Mertens)

Erwin Moser, Der einsame Frosch, in: Erwin Moser, Der einsame Frosch, Fabelhafte Geschichten, Bilder von Erwin Moser, Beltz Verlag (Weinheim und Basel 1984)

Erwin Moser, Die fünf Holzwürmer, in: Erwin Moser, Der einsame Frosch, Fabelhafte Geschichten, Bilder von Erwin Moser, Beltz Verlag (Weinheim und Basel 1984)

Uwe Nachtwey, Berni Bärenraupe wagt und gewinnt, in: Berni Bärenraupe wagt und gewinnt, Fabeln für eine bessere Welt von Uwe Nachtwey, Mit Illustrationen von Renate Fuhrmann, Verlag Butzon & Bercker (Kevelaer 1984)

Gudrun Pausewang, Lieber Gott der Reichen, in: Erzählbuch zum Glauben, Für Religionsunterricht, Kindergottesdienst und Familie, hrsg. von Elfriede Conrad, Klaus Deßecker, Heidi Kaiser, Band 1: Das Glaubensbekenntnis, Benziger Verlag und Verlag Ernst Kaufmann (Zürich, Einsiedeln, Köln und Lahr 1981) (Copyright bei der Autorin)

Käthe Recheis, Die Zweigfrau, in: Käthe Recheis, Die Stimme des Donnervogels, Geschichten der Indianer, Bilder von Hilde Leiter, Verlag St. Gabriel (Mödling–Wien 1983)

Rafik Schami, Die Homsianer, in: Rafik Schami, Der fliegende Baum, Neuer Malik Verlag (Kiel 1991)

Hans Heinrich Strube, Der Weg nach Emmaus, in: Hans Heinrich Strube, Ein Eimer Wasser, Geschichten zur Bibel 2, Patmos Verlag (Düsseldorf 1983) (Copyright beim Autor)

Ursula Wölfel, Sintajehu, in: Ursula Wölfel, Die grauen und die grünen Felder, Wahre Geschichten, Neithart Anrich Verlag (Neunkirchen/Odenwald 1970/1984)

Jörg Zink, Wie alle satt wurden, in: Jörg Zink, Der Morgen weiß mehr als der Abend, Bibel für Kinder, Mit Bildern von Hans Deininger, Kreuz Verlag (Stuttgart 1981)

Albin Zollinger, Sonne, Korn und Gold, in: Albin Zollinger, Gesammelte Werke Band I, Atlantis Verlag (Zürich 1961)